中央高校基本科研业务费专项资金资助

马院文库·青年学者

新视野下的比较政党研究

Comparative Political Parties Studies Under New Vision

池步云 著

中央编译出版社
Central Compilation & Translation Press

图书在版编目(CIP)数据

新视野下的比较政党研究 / 池步云著. —北京：中央编译出版社，2022.10

ISBN 978-7-5117-4184-4

Ⅰ.①新… Ⅱ.①池… Ⅲ.①政党-政治制度-文集 Ⅳ.①D05-53

中国版本图书馆 CIP 数据核字（2022）第 088552 号

新视野下的比较政党研究

责任编辑	纪宛伯
责任印制	刘　慧
出版发行	中央编译出版社
地　　址	北京市海淀区北四环西路 69 号（100080）
电　　话	（010）55627391（总编室）　（010）55627307（编辑室） （010）55627320（发行部）　（010）55627377（新技术部）
经　　销	全国新华书店
印　　刷	北京中兴印刷有限公司
开　　本	710 毫米×1000 毫米　1/16
字　　数	210 千字
印　　张	15.75
版　　次	2022 年 10 月第 1 版
印　　次	2022 年 10 月第 1 次印刷
定　　价	85.00 元

新浪微博　@中央编译出版社　　　微　信　中央编译出版社（ID：cctphome）
淘宝店铺　中央编译出版社直销店（http：//shop108367160.taobao.com）　（010）55627331

本社常年法律顾问　北京市吴栾赵阎律师事务所律师　　闫军　梁勤
凡有印装质量问题，本社负责调换。电话：（010）55626985

目 录

导 言 ………………………………………………………… 001

上 篇　新时代中国政党理论探索与创新

第一章　以科学思维方法把握新时代坚持和加强党的全面领导理论内涵与实践要求 ………………………………… 029

一、以科学思维方法认识和推进新时代坚持和加强党的全面领导的重要意义 ……………………………………… 030

二、以科学思维方法把握新时代坚持和加强党的全面领导理论内涵 ………………………………………………… 034

三、运用科学思维方法推进新时代坚持和加强党的全面领导的实践要求 …………………………………………… 041

第二章　"以伟大自我革命引领伟大社会革命"：马克思恩格斯党的领导思想的中国化表达 ……………………… 046

一、马克思恩格斯党的领导思想的学术史梳理 …………… 047

二、马克思恩格斯党的领导思想的逻辑体系……………… 051
　　三、中国共产党对"两个伟大革命"的百年探索 …………… 056
　　四、"以伟大自我革命引领伟大社会革命"对马克思恩格斯党的
　　　　领导思想的创新发展…………………………………… 061

第三章　"新型政党制度论"对马克思主义政党理论的发展 …… 069
　　一、完善了马克思主义政党领导权思想……………………… 070
　　二、发展了马克思主义政党民主观…………………………… 073
　　三、创新了马克思主义政党领导方法学说…………………… 076
　　四、丰富了马克思主义政党政策和策略原理………………… 078

第四章　现代国家建构视域下中国政党制度理论阐释………… 082
　　一、现代国家中的政党制度：理论回顾与既有研究………… 083
　　二、同构、嵌入、共生：中国政党制度与现代国家互动历程
　　　　分析……………………………………………………… 087
　　三、"中心—多元"结构的调适：政党制度与现代国家关系
　　　　演进的内在逻辑………………………………………… 091

第五章　人民政协与社会主义协商民主理论的初步探索……… 098
　　一、人民政协民主协商的体制创设…………………………… 100
　　二、人民政协民主协商的实现路径…………………………… 105
　　三、人民政协民主协商的价值启示…………………………… 110
　　四、推进新时代人民政协制度优势转化为治理效能………… 114

下 篇　国外政党理论发展新态势与案例分析

第六章　西方比较政党理论的发展历程与基本特征 …………… 123
一、精英主义视角下的政党权力理论 …………………………… 124
二、多元主义视角下的政党行为理论 …………………………… 129
三、社团主义视角下的政党转型理论 …………………………… 134
四、对西方比较政党理论的反思 ………………………………… 139

第七章　欧美政党模式的新演进：以利基政党理论为例 ………… 144
一、利基政党的概念界定及其类型学意义 ……………………… 145
二、"议题优先"还是"意识形态优先"：利基政党与政党
　　竞争 ……………………………………………………………… 151
三、"再结盟"与"解盟"：利基政党与社会的关系 ………… 156
四、主流抑或边缘：关于利基政党未来发展的讨论 …………… 161

第八章　非西方国家的民主化反思：以梅因沃林政党体制理论
　　为例 ……………………………………………………………… 166
一、制度化：政党体制分析的新维度 …………………………… 168
二、政党体制制度化的维度及测量 ……………………………… 170
三、政党体制制度化与民主绩效 ………………………………… 172
四、从上而下塑造政党体制的力量 ……………………………… 175
五、政党体制制度化学说的价值与局限性 ……………………… 178

第九章　政党体制类型变迁与政治转型：以土耳其为例 …………… 181
　一、土耳其政党体制从一党制到主导党制的转变 ……………… 183
　二、转型时期政党体制变革的影响因素 …………………………… 190
　三、土耳其政党体制变革与政治发展 ……………………………… 195

第十章　政党体制制度化与民主发展：以印度尼西亚为例 ………… 202
　一、政党体制制度化与民主发展 …………………………………… 203
　二、印尼政党体制变革的历史进程 ………………………………… 208
　三、印尼政党体制制度化水平评估 ………………………………… 211
　四、政党体制的低制度化及其对民主发展的影响 ……………… 217

参考文献 ……………………………………………………………… 221
后　记 ………………………………………………………………… 244

导　言
中国比较政党研究的缘起、现状与前瞻

　　近年来中国比较政党研究取得较大进展。构建话语体系、增进对外认知、完善政党治理为其实现学术研究体系化提供了广阔空间。通过内容分析和文本挖掘可知，最近十年，中国比较政党研究数量呈现高位稳定；研究内容丰富，理论性、原创性成果比例提高。研究主题涵盖当代中国政党政治特征与优势、世界政党政治发展态势、中外政党历史比较、西方政党学说与研究动态、比较政党创新理论五个方面。历史文化、制度功能、理性行为是解释中国政党政治特征的主要路径；基础概念、议题群组、理念方法构成比较政党创新理论的基本向度。未来中国比较政党研究需要在理论范式上实现特殊性与普遍性相衔接，议题领域上推动问题驱动与本体基础相统一，研究方法上促进单因解释与多因分析相结合。

当今世界正处于百年未有之大变局，一个典型表现是围绕各类政治制度的话语竞争愈发激烈。这一现象与大国战略博弈全面加剧，国际秩序深度调整密切相关，也与全球范围的各种政治社会思潮涤荡相互呼应。"制度自信不是自视清高、自我满足，更不是裹足不前、故步自

封,而是要把坚定制度自信和不断改革创新统一起来。"① 这对中国社会科学发展尤其是政治学科提出了许多崭新的研究命题,中国比较政党研究就是在这种大场景下得以快速发展。本书试图从学术发展的视角对中国比较政党研究进行分析,结合现实情况对其进行全景式描绘,分别探讨中国比较政党研究的生成逻辑、知识版图与学术建构。

一、比较政党研究:从西方语境到中国议程

比较是政治科学的方法论核心,比较有助于解释政治程序的运转和政治变革的发生。② 比较方法通常适用于宏大的政治系统,这类系统的案例数量有限,但内部变量却涉及多个方面或层次。③ 比较方法对于政党研究具有重要价值。现代意义的政治生活在很大程度上是以政党为中心展开的。作为高度发达的政治组织,政党在当今世界绝大多数国家已经根深蒂固并呈现出生机勃勃的景象。比较政党研究即采用比较方法对政党问题进行的研究。它可以看作但并不仅限于是比较政治学的一个分支,其研究目的可以是寻找多个政治共同体间政党现象的共性或差异,也可以通过比较方式为某一政党及政党制度的完善寻找参考和借鉴。

1. 西方比较政党研究的发展历程与话语特征

从历史序列来说,西方政党的产生已历数百年。西方学者对政党进行政治学与社会学意义上的研究始于 20 世纪初。系统采用比较方法对

---

① 习近平:《习近平谈治国理政》(第 2 卷),外文出版社 2017 年版,第 289 页。
② 〔美〕加布里埃尔·阿尔蒙德等:《当代比较政治学:世界视野》,杨红伟等译,上海人民出版社 2010 年版,第 35 页。
③ Arend Lijphart,"Comparative Politics and the Comparative Method", The American Political Science Review, Vol.65, No.3, 1971, pp.682-691.

政党开展研究的历史可追溯至20世纪中叶。西方比较政党研究大体经历了三个发展阶段：一是20世纪初到40年代的理论准备阶段。这一时期的政党研究开始摆脱过去哲学意义上有关政党善恶的冗长探讨和对单个国家政党的简单描述。俄国学者摩西·奥斯特罗果尔斯基（Moisei Ostrogorski）、意大利学者罗伯特·米歇尔斯（Robert Michels）、美国学者埃尔默·埃里克·谢茨施耐德（Elmer Eric Schattschneider）等主要从组织社会学视角，对英、法、德、美等资本主义国家的政党权力结构及政党与民主原则的关系进行学理分析，体现出浓厚的整体主义和制度主义特征。

二是20世纪50—70年代的理论体系形成阶段。第二次世界大战结束后，西方政党研究迎来了一个高潮，以法国学者莫里斯·迪韦尔热（Maurice Duverger）、意大利学者乔万尼·萨托利（Giovanni Sartori）、美国学者安东尼·唐斯（Anthony Downs）、西摩·马丁·李普塞特（Seymour Martin Lipset）等的标志性著作为代表，西方国家的政党与政党制度得到系统研究，政党行为的社会根源与政党塑造政治社会的能力得到深入分析。受行为主义政治学和结构功能主义、理性选择理论的影响，西方政党研究的整体视域得以拓展。政党研究的基本范式、主要方法和重要理论命题相继确立。与此同时，在发展中国家政治运动的影响下，部分学者对欧美国家以外的政党现象给予了更多重视。

三是20世纪80年代以来的理论调整与成熟阶段。面对全球局势快速变化下传统政党力量的式微，一批西方学者积极推动政党研究视角与议题创新，从而解释和预测西方政党在挑战面前如何表现出适应能力。法国学者让·布隆代尔（Jean Blondel）等将政府因素作为变量引入政党研究；美国学者理查德·卡茨（Richard Kate）等在探讨政党、国家与社会三者间关系的基础上创立了卡特尔政党理论；邦尼·梅吉德（Bonnie M. Meguid）等借鉴市场营销学相关概念提出利基政党学说。经过长期的积累，21世纪以来的西方比较政党研究正呈现出主流理论与边缘理论相互影响，经典议题与新兴议题相互交织，质性分析与量化研究相互补充的整体发展态势。

西方政党理论创立至今始终体现出鲜明的比较特征。主要表现为：政党研究的对象通常跨越一国界限，由两国到多国，由西方到非西方；政党研究的方法注重实证经验基础上的分类、归纳和概况，进而形成一般性的政党理论；政党研究服务于国家战略，具有明显的意识形态倾向，包含着向非西方国家推行西方政党模式的强烈动机。西方比较政党研究传递的学术信念是：西方政党理论能够指涉作为事实存在的各种形式的政党活动。然而，当西方学者构筑和传播关于政党的知识体系时，表现出的是一种狭隘经验，这种狭隘性体现在时间、空间和对象上。西方学者并非没有对非西方世界的政党问题进行过有创建性的论述①，但受制于有限的视野和特定的立场，这些研究本质上仍是西方中心论的产物，没有揭示政党产生与发展过程中的根本性差异。

西方比较政党研究本质上是探讨西方代议制度如何确立、运行和巩固的中层理论，它构成当代西方国家学说的重要一环。其中预设的政治价值是：西方自由民主制度是最好的，人类社会中的其他政治制度最终都要转向西方模式，政治转型的核心是多党制的建立。在这一政治价值支配下，西方学者以竞争性选举制度为标尺，对世界各国政党制度进行类型学划分。如一些欧美学者使用极权主义政党、一党制、霸权党制、

---

① 如萨托利关于"非竞争性政党体制"的论述，见〔意〕乔万尼·萨托利：《政党与政党体制》，王明进译，商务印书馆2006年版，第298—333页；美国学者塞缪尔·亨廷顿（Samuel Phillips Huntington）对"政党与现代化"的论述，见〔美〕塞缪尔·亨廷顿：《变化社会中的政治秩序》，王冠华等译，上海人民出版社2008年版，第332—360页；美国学者斯科特·梅因沃林（Scott Mainwaring）对拉丁美洲国家政党体制制度化的考察，参见Scott Mainwaring, *Rethinking Party Systems in the Third Wave of Democratization: The Case of Brazil*, Stanford University Press, 1999, pp.3-20.

党国体制等概念来指称社会主义国家的政党和政党制度，试图对这些国家的政治发展进行价值观念上的规制。显然，这些称谓陷入了西方理论简单化运用的误区。套用西方政党理论分析中国政党实践，必然会产生严重的适用错误。不仅无法有效解释现实，还容易导致人们政治是非观的扭曲和价值观颠倒。构建基于中国事实和语境的比较政党研究体系显得必要而迫切。

2. 中国比较政党研究的基本内涵与当前使命

中国的比较政党研究可以追溯至民国时期。当时的一批学者以了解世界强国政治制度为目标，对欧美、日本和苏联等国的政党进行专门性或通论性介绍。如高乔平主编的《世界各国政党研究》（1929）、彭学沛所著《政党》（1931）。新中国成立以来，比较政党研究的发展可以分为三个阶段：一是改革开放前的缓慢发展期。这一时期的研究大多从科学社会主义与国际共产主义运动的视角，通过对苏联政党模式的批驳性借鉴和西方政党制度的批判性否定，论证中国无产阶级政党的性质、作用与活动方式。二是改革开放至 2012 年的快速发展期。政党研究逻辑从抵制批判转为理性借鉴，在引入西方政治学理论方法并实现主体性的基础上，从世界视角审视中国。20 世纪 80 年代，一些经典的西方政党著作开始翻译出版；90 年代，国内学者从多角度分析苏联和东欧各社会主义政党丧失政权的原因，并对欧美国家和周边国家政党政治的历史、现状及特征进行考察；到 21 世纪初，一些系统阐释政党政治原理的本土学术成果问世。[①] 三是 2012 年以来的黄金发展期。面对新时代

[①] 这一时期还出现了直接以"政党比较"作为标题的学术著作，较有代表性的包括，中共中央党校党的建设教研部：《世界政党比较研究》，中共中央党校出版社 1996 年版；梁琴、钟德涛：《中外政党制度比较研究》，商务印书馆 2000 年版；周淑真：《政党和政党制度比较研究》，人民出版社 2001 年版。

的机遇和挑战，中国学者更加意识到理论创新的重要性和紧迫性，努力实现政党研究从中国看世界的再出发。在解释现实的基础上构建中国政党研究的知识体系、学术体系与话语体系，对西方政党理论进行审慎反思，提出了一些基于中国情境的概念和命题，推动政党研究从"西方议题、西方视野、中国启示"到"中国经验、中国议题、世界认识"的路径转变。

如何界定中国比较政党研究的内涵与边界。一般认为，如果一个研究领域既包括实质内容又有特殊方法，那么此类研究应该会更加成熟。从内容角度看，比较是知识归纳。① 通过对本国和别国、历史和现实的比较，从中得出普遍性或特殊性的知识。因此，中国比较政党研究的内容应包含跨国政党研究，具有广泛适用性的政党理论研究，以及满足一定条件的政党个案研究。将个案研究纳入比较政党研究的原因在于：一方面，对外国政党的个案研究奠定了跨国比较的基础；另一方面，许多个案包含了潜在的比较，如通过某国案例证实或证伪某一理论假设，这暗含了与前人研究中使用的其他案例的比较。② 此外，本国政党个案研究还包括比较历史分析，如对中国近现代历史上不同时期政党政治的比较考察，将原本的一个案例变成实质意义上的多个案例。从方法角度看，比较的本质是控制。③ 通过求同法和求异法等基本控制逻辑，在两个或多个变量间建立一种经验关系。从这个意义上说，中国比较政党研究在内容限定的同时，还应鼓励好的研究设计。

---

① 〔美〕劳伦斯·迈耶等：《比较政治学：变化世界中的国家和理论》，罗飞等译，华夏出版社2001年版，第8页。

② James Mahoney, "Qualitative Methodology and Comparative Politics", *Comparative Political Studies*, Vol.40, No.2, 2007, p.129.

③ Giovanni Sartori, "Comparing and Miscomparing", *Journal of Theoretical Politics*, Vol.3, No.3, 1991, pp.244–245.

从整体发展看，中国比较政党研究已经取得重要进展。近年来，比较政党研究在中国开展得如火如荼：从事政党研究的专门机构和学术团体接连建立，政党研究的骨干力量和人才储备不断壮大；以政党为主题的学术会议相继召开，一系列高水平、跨学科的原创性政党研究论文与著作发表和出版。① 在机构、人才、学术活动和研究成果之外，其他工作也在深入开展。虽然中国比较政党研究呈现较为繁荣的局面，但距离形成有代表性的理论体系，规范的研究方法，可以共享的价值、理念和技术的有机集合体还存在一定距离。如果根据这个标准，就会发现我国比较政党研究仍然处于初级阶段。特别是大量研究文献集中于原因分析和对策建议，基础性本体性探讨内容不够，鲜明的研究特征尚未形成。

各政治体系间具有多大程度的可比性？比较的标准、过程、目的为何？如何运用比较的成果？这些都是比较政治相关研究必须回答的技术性、方法性问题。② 对中国学者来说，必须认识到中国比较政党研究对象与西方政党研究对象有着总体性殊异。盲目照搬西方政党理论研究中国乃至世界政党问题，就会丧失解释事实的真实性和话语权。与此同时，政党政治作为当前世界范围内几乎所有国家的政治运行方式，对政党问题进行比较研究，不仅是了解各国政治发展的需要，也是正确认识本国政党，更好服务于治国理政的需要。树立比较政党研究的危机意识和理论自觉，成为中国政党研究的当务之急。

---

① 截至目前，国内已有中国人民大学、北京大学、复旦大学、山东大学、华中师范大学、上海大学等十余所高校，以及中共中央对外联络部、中央党校、上海市委党校等部门成立了专门从事政党研究的学术机构和团体，成为推进政党研究专业化，完善人才培养、学术交流和成果发布的重要阵地。

② 欧阳景根：《比较政治学的理论困境与发展前景》，载《社会科学》2005年第3期，第41—45页。

对政治制度进行比较研究，时常会诉诸不同的概念范畴和话语体系。习近平在强调意识形态工作重要性的讲话中指出，要有"新概念新范畴新表述"①。中国比较政党研究的当前使命具有两个层次：一是在意识到中国政党与西方政党不同事实逻辑的前提下研究中国政党。在这方面，一些有学术洞见的学者已经付出了令人钦佩的努力。这些成果仍处于学术研究前沿，其知识的体系化尚须时日。二是将具有不同事实逻辑的政党纳入共同的学术逻辑之中。简单说，就是用创新的政党理论不仅可以解释中国，还能够认识世界。它能够包容不同的事实逻辑和学术逻辑，它不是割裂和摈弃已有的关于政党的理论认识，而是在反思、整合前人理论成果的基础上，形成一个新的比较政党研究基础。

一个真正强大的中国必须是理论的"发源地"，有基于自己历史、文化和实践而形成的观念与理论。做到这一点，离不开国家支持下的基础理论研究。② 中国比较政党研究的学术逻辑尚在成熟之中，但应当遵循以下基本原则：在价值设定上，中国政治发展的目标不是西方自由民主制度，而是完善中国特色社会主义政治制度体系，巩固自身制度优势。在具体作为上，政党研究的理论焦点与政党实践焦点相一致；实证研究是获得相关知识的根本途径。在现实目标上，论证全面有效的领导、执政党与人民群众的血肉联系、富有活力的合作与协商是中国政党政治的理想状态；与此同时，在尊重差异的基础上为人类探寻多样化的政党模式贡献中国智慧。要构建明确的学术体系和研究范畴，首先需要探究中国比较政党研究的知识版图，搞清楚比较政党研究的本质所在，进而厘清中国比较政党研究的发展趋势。

---

① 习近平：《习近平谈治国理政》（第1卷），外文出版社2018年版，第156页。
② 杨光斌、曾毅：《中国社会纷争的观念之维与因应之道——兼对中国社会科学研究体制的总体性检讨》，载《探索与争鸣》2014年第1期，第47—53页。

二、中国比较政党研究的现状分析

随着中国现代化和国际化进程加快，比较政党研究正日益受到学界关注。本部分拟对该领域的研究进行梳理，探讨以下几个问题：中国比较政党研究的现状如何？研究聚焦的主题为何？每个主题的研究方法、理论取向、代表性观点如何？研究的贡献和不足有哪些？未来的发展方向是什么？通过回答这些问题，从学术史视角对中国比较政党的研究图景进行描绘，促进多学科理论阐发与交叉，为中国话语建构提供策略参考。

本部分采用内容分析和文本挖掘方法。数据来源于中国社会科学引文索引（CSSCI）期刊最近十年（2011—2020）以"政党"为关键词进行模糊搜索的文章，共1584篇，筛除与比较政党无关的文献，最终获得747篇论文。① 首先，对747篇文章进行内容分析，编码题项包括研究主体、发表时间、学科、研究对象、研究议题、理论应用、研究方法。内容分析的结果有助于对近年来中国比较政党研究的概貌有一个整体把握。然后，通过在线词频统计软件对747篇文章的标题和关键词进行词频分析，将出现频率较高的词汇筛选出来②，通过这些词汇的反向

---

① 本部分对比较政党研究论文的筛选，遵循的标准为上一部分关于中国比较政党研究内涵的界定；同时，亦可通过后文对中国比较政党研究主题的归纳得以呈现。需要指出的是，这一筛选过程具有一定的主观性，且以"政党"为关键词进行搜索，无法囊括所有比较政党研究论文。本部分的目的旨在对国内学界关于比较政党研究的核心论文进行初步的计量分析，以得到比传统的宏观分析更为翔实可信的研究结果。

② 由于中国社会科学引文索引官方网站提供的论文批量下载数据中未包含论文摘要，因此本部分词频分析的数据来源为每篇文章的标题与关键词。在将论文数据导入"图悦"词频分析软件并产生初步结果后，再通过人工统计，对字段较长的词汇进行拆分，重新计数后形成了后文表0.1中的词频分析结果。

追踪对文章进行分析,把拥有共同高频词汇的文章聚类,归纳出中国比较政党研究聚焦的五类主题。接着对不同主题文章的代表性观点、理论取向等进行分析。

1. 研究结果概况

(1) 研究数量呈现高位稳定。2011 年至 2013 年,中国比较政党研究的文章数量经历了快速增长。以十八大的召开为契机,一系列重大理论问题催生了政党研究领域的繁荣。从 2016 年至今,中国比较政党研究经历了又一个快速增长阶段,这得益于"繁荣中国特色哲学社会科学""一带一路"等国家战略的推动,以及"新型政党制度"等概念的提出。考虑到 CSSCI 近几年总体发文量呈下降趋势,因此可以认为,在研究热度方面,国内学界对比较政党的研究稳中有升。①

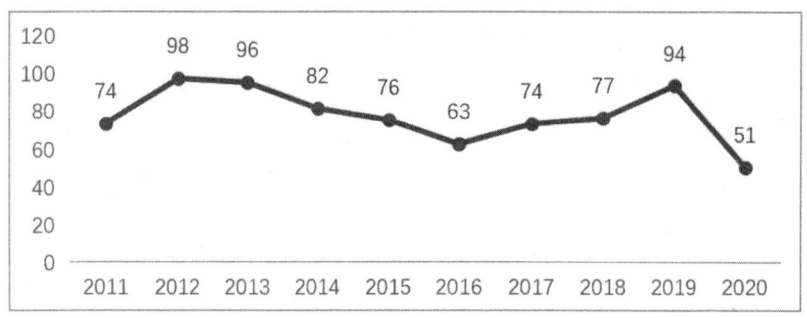

图 0.1　2011—2020 年 CSSCI 中国比较政党研究论文数量(单位:篇)

(2) 研究内容丰富,理论性、原创性成果比例提高。中国比较政党研究的内容包含了政党相关概念、政党组织、政党制度、政党与社

---

①　图 0.1 中论文数量统计截止时间为 2020 年 8 月(本书截稿时中国社会科学引文索引官网的最新数据),2020 年的数据并不代表其全年值。根据历年数据可推算 2020 年全年发文量应当在 75 篇以上。关于近年来 CSSCI 发文量变化趋势的分析,参见方志:《我国优秀社科期刊的"萎缩再生产":争议及其后果》,载《出版科学》2019 年第 4 期,第 75—79 页。

会、政党与国家、政党执政、政党间关系、政党自身建设等。这些研究既有较为宏观地分析,也有从某个层面切入的微观考察,呈现出中国与世界、理论与实践、历史与当下的多重指向。与此同时,随着经验的积累,国内学者对中国政党模式独特性、比较政党创新理论与前沿问题的研究实现了由少到多,由浅入深的发展;提出新概念,运用新视角、新方法的原创性文章比例增多。

(3) 依据不同研究目的灵活设置研究对象。比较政党研究通常是在对政党进行类型学划分的基础上展开的,国家和地区、政党性质、政党在国家政治中的地位和作用成为主要的分类标准。通过对文章标题的统计分析可知,中国、欧洲各国、美国、亚洲邻国是我国比较政党研究最为关注的国家或地区。还有一些研究以更为笼统的"国外""西方""欧美"等为地域限定。此外,发达国家/发展中国家、社会主义/资本主义、执政党/在野党等也是常见的分类标准。不同的政党分类适应着不同的研究目标:如以某国为对象的政党研究有助于分析该国政情,以某地区为对象的政党研究适合于提出或验证某一理论假设,以"社会主义政党""执政党"为对象的研究则多是为了总结政党治国理政与自身建设的经验。

(4) 政治学单一学科占据主体地位,同时历史学、法学、马克思主义等学科研究成果占有一定比例。这747篇文献共涉及17个学科,其中政治学(657篇)、历史学(33篇)、法学(15篇)、马克思主义(11篇)对比较政党的研究最多。从二级学科来看,文章主要分布在政治学理论、中外政治制度和国际政治。比较政党研究内涵广泛,许多问题不是单一学科能够完成的,要依赖各学科的交叉合作,而目前中国多学科比较政党研究的增长趋势尚不明显。因此需要积极推动各学科的相互了解,以问题为导向进行合作研究。

2. 研究主题、主要观点与理论取向

进一步,我们跨越学科界限,归纳中国比较政党研究的主题和聚焦的问题。通过对 747 篇文献的标题、关键词进行词频分析,得到表 0.1 所示的结果,其中已经删除了虚词和论文常用词,显示了频数大于等于 40 的词汇。通过将拥有共同高频词的文章聚类,根据研究聚焦的问题与探讨的重点,将中国比较政党研究划分为五大主题,每个大的主题下又分为小的子主题,并分析不同主题的研究内容与理论取向。

表 0.1　747 篇文献标题、关键词的词频分析

高频词汇	数量	高频词汇	数量
政党	1719	比较	72
政治	710	文化	65
制度	212	世界	62
中国	174	政府	54
民主	158	英国	52
执政党	135	意识形态	51
左翼	122	德国	49
国外	109	民粹主义	48
选举	102	组织	45
欧洲	96	俄罗斯	45
理论	92	社会主义	44
共产党	88	日本	44
美国	84	右翼	43
马克思主义	82	现代化	42
治理	81	党内	42
体制	79	台湾	41
转型	73	议会	40

（1）比较视野下当代中国政党政治特征与优势研究（139篇），关注的是如何构建系统解释当今中国政党政治的理论框架。针对一些西方学者对中国政党模式理论解读的误区和实践效能的罔顾，中国学者基于他们的理解，认为中国政党政治体现了理论科学性与实践有效性的统一，实现了对西方政党模式的超越。这类研究呈现出三种具体路径和观点。

一是历史文化路径，核心观点是政党驱动现代国家建构与党际关系共生和谐。从历史维度看，后发外生型的中国现代国家建构必须借助于政党国家的优长之处。政党国家通过高度组织化的力量，以政党强大的政治意志促成国家发展奇迹。① 当前中国的发展仍然需要利用政党国家的效能，同时需要依靠民主法治的力量。② 从文化维度看，中国政党模式继承了传统文化的基因和密码，多元一体、和合文化、天下为公、兼容并包的价值理想深刻影响了中国政党制度的内在生成。③

二是制度功能路径，核心观点是政党优位嵌入政治过程与政党结构一体多元。从政治过程角度看，改革开放以来，在共产党的领导下，中国已经形成了一种基于法治的政党与国家相互嵌入、以政党为中心的国家治理新模式。④ 政党规划、政党整合和自发参与构成政党整合治理模式运行的基本架构。⑤ 从政党结构角度看，中国政党制度把领导核心的

---

① 任剑涛：《以党建国：政党国家的兴起、兴盛与走势》，载《江苏行政学院学报》2014年第3期，第73—86页。
② 陈明明：《作为一种政治形态的政党-国家及其对中国国家建设的意义》，载《江苏社会科学》2015年第2期，第99—114页。
③ 柴宝勇、黎田：《在"新型"与"传统"之间：影响我国新型政党制度的传统文化因素探析》，载《社会主义研究》2019年第5期，第82—89页。
④ 郭定平：《政党中心的国家治理：中国的经验》，载《政治学研究》2019年第3期，第13—22页。
⑤ 唐文玉：《政党整合治理：当代中国基层治理的模式诠释——兼论与总体性治理和多中心治理的比较》，载《浙江社会科学》2020年第3期，第21—27页。

一元性与结构的多元性结合起来，根本功能是巩固人民民主专政的国体、社会主义经济基础和社会制度，基本功能包括强大的整合功能、独特的民主功能和有效的稳定功能。①

三是理性行为路径，核心观点是中心政党的使命型先锋队特质与政党理念同心共识。从政党行为角度看，中国共产党具有强烈的历史主体意识与舍我其谁的责任担当情怀，对思想创新、集中统一、党性修养高度重视。② 使命型先锋队性质是全面从严治党的内在根据，中国政治体制的竞争力在全面从严治党的进程中得以增强，为中国崛起提供坚实政治支撑。③ 从政党关系角度看，执政党与参政党在政治方向上引领同心，在政治文化中涵育同心，在政治协商中践行同心。④

除上述分析路径和观点外，对中国香港和台湾地区政党政治的研究，构成当代中国政党模式比较考察特殊却不可忽视的组成部分。关注的主题包括中国香港、台湾两地政党政治的发展趋势、影响因素、对本地治理与外部环境的影响。具体问题包括香港政党政治的制度空间、《香港特别行政区基本法》和行政主导体制下的政党行为规管；台湾政党体制的格局演变、政党政治对选民认同及两岸关系的影响等。

（2）世界政党政治发展态势研究（322篇），关注的主题是世界范围或特定国家和区域政党政治发展的现状与前景，子主题分为四类：第一，政党与西方代议民主制度。作为西方民主政治的承载要件，政党是

---

① 袁廷华：《中国政党制度功能探析》，载《政治学研究》2012年第1期，第43—49页。

② 李海青：《中国共产党：马克思主义的使命型政党》，载《江西社会科学》2018年第2期，第5—11页。

③ 汪仕凯：《先锋队政党理论视野中的群众路线》，载《社会主义研究》2014年第6期，第42—48页。

④ 钱再见：《同心与共识：新时代中国特色社会主义参政党思想政治建设研究》，载《南京师大学报（社会科学版）》2019年第6期，第103—111页。

研究西方民主制度运行的重要支点。民主转型、政党卡特尔化、政党意识形态极化、政党体制制度化、政党法制、政党文化等是近年来出现频率较高的概念。如周淑真认为，21世纪以来西方主要国家的政党制度为政治选举的强力所扭曲，政治选举实施效果影响民主政治的品质。[①] 第二，政党行为与国家内政与外交，探讨政党如何影响国家治理和对外关系。随着中国与外部世界互动的增加，这方面研究的数量逐年上升。如何维保发现，美国政府对华政策在多数情况下与执政党党纲中的对华政策倾向总体一致。[②] 第三，环境变化对政党活动的重塑。关注经济、社会、制度、观念等的变迁对政党的影响。全球化和区域一体化、国际经济危机、民族主义与宗教思潮、新社会运动等是常被提及的概念。如方雷认为，急剧的社会转型和持续的"欧洲化"进程使东欧国家政党政治显现出超越民族主义的趋向。[③] 第四，政党自身建设与执政能力探索，旨在借鉴国外长期执政的一些大党老党治党理政的有益做法。政党纪律、政党权威、政党与民众关系等是研究的重点。如吴海红分析了印度国大党、日本自民党等政党反腐的经验，认为执政党治理腐败必须重视制度建设，构建廉政体系，同时领导层要身体力行、率先示范。[④]

（3）中外政党的比较历史分析（50篇），关注的主题是中外政党政治的发展历程及其当代启示。子主题包括：西方主要国家政党政治发展的阶段特征与重要事件，近现代中国政党学说与政党政治实践，世界

[①] 周淑真：《西方主要国家政治选举与政党制度关系分析》，载《政治学研究》2012年第2期，第120—126页。

[②] 何维保：《美国两党党纲中的对华政策论析》，载《美国研究》2019年第6期，第84—111页。

[③] 方雷：《超越民族主义的东欧政党政治——基于全球化和欧洲化的视角》，载《社会科学》2013年第1期，第4—11页。

[④] 吴海红：《制度反腐与政党兴衰——基于国外一些长期执政政党的经验与教训》，载《当代世界与社会主义》2014年第3期，第77—82页。

社会主义运动中的政党作用及其经验教训等。上述研究既有长时段的宏观历史考察，如中国政党政治百年演变逻辑、社会主义国家政党政治百年探索；也有较为精细和琐碎的微观个案分析，如清末民初政党组织嬗变的类型学分析、苏联解体原因分析中的政党利益固化问题等。比较历史分析在科学方法备受推崇的今天，为解释政治现实提供了纵向的经验诠释。如王韶兴认为，第一国际以新的组织形态、理论观点和政治实践，为其后社会主义政党政治兴起与发展留下了丰厚历史遗产。① 庞虎以国共两党的历史证明，"儒化"不是解决政党中国化问题的良方，只有扎根现实实践，依托民族实体，挖掘民众潜力，才能建构起自身的合法性基础。②

（4）西方政党学说与研究动态评析（42篇），关注的主题是西方学界有代表性的政党学说与政党理论研究的新近成果。这类研究主要包括三个方面：一是对更多西方学者的政党思想加以整理和评析。如彼得·梅尔（Peter Mair）、克劳斯·冯·贝梅（Klaus von Beyme）、利昂·爱泼斯坦（Leon Epstein）、梅因沃林等的政党学说，以及马克思·韦伯（Max Weber）、埃德蒙·伯克（Edmund Burke）、安东尼奥·葛兰西（Gramsci Antonio）、格奥尔格·卢卡奇（Georg Lukács）等不同领域学者有关政党问题的论述。二是结合时代特征对西方政党理论中的一些结论加以扬弃，如对米歇尔斯的"寡头统治铁律"和亨廷顿关于一党制研究的批判性考察。三是以议题为导向梳理西方学界关于政党研究的最新观点和路径，高频问题包括政党类型学、政党社会学、政党组织分权、执政合法性、共识危机、疑欧政党、左翼政党等。如岑树海梳理了

---

① 王韶兴：《第一国际的共产主义活动与社会主义政党政治逻辑》，载《中国社会科学》2015年第11期，第37—59页。
② 庞虎：《"儒化"与民族化：近代政党中国化的路径考察》，载《厦门大学学报（哲学社会科学版）》2017年第2期，第49—55页。

欧美国家政党分权变革的集权制、分权制、联邦制三种基本模式及其发生方式。① 叶麒麟考察了西方政党体制的研究历程，发现从类型到制度化的研究视角转移趋势日益明显。②

（5）比较政党的创新理论研究（194篇）。近年来，越来越多致力于政党研究的中国学者开始从本国视角出发，构建新的具有广泛适用性的比较政党理论体系。他们的工作具体表现为三个方面：首先，比较政党的基础概念。对与政党相关的一些既有概念进行澄清或再阐释，并尝试对一些新概念进行诠释。如金安平认为，目前世界政党政治发展中出现了很多"准政党"与"类政党"，这类"非典型政党"的出现与活动是政党政治中的新常态。③ 其次，比较政党的议题拓展。主要是在西方政党研究传统议题之外开辟新的议题领域：一是兼具中国特色与世界眼光的政党研究议题，如中国学者围绕政党治国理政与自身完善所构建的执政党理论，形成了诸如政党适应性、政党权威、政党形象等紧密联系、自成体系的议题群组。如刘红凛认为，应立足于执政逻辑、执政环境、执政使命，正确认识中外执政规律、执政党建设规律的共性与个性。④ 张春满认为，分析中西政党政治的殊异应当跳出"竞争—合作"的简单对立，运用"分时竞合"与"全时竞合"的概念描述政党关系

---

① 岑树海：《欧美国家的政党分权变革及其启示——基于集权制、分权制和联邦制的分析》，载《上海行政学院学报》2016年第1期，第86—95页。

② 叶麒麟：《从类型到制度化——西方民主政治场域中政党体制研究的视角转移》，载《教学与研究》2011年第12期，第81—87页。

③ 金安平：《简论政党政治中的"类政党"与"准政党"现象》，载《北京行政学院学报》2016年第2期，第21—26页。

④ 刘红凛：《政党治理：现代化、法治化与规范化》，载《理论与改革》2011年第3期，第42—45页。

由紧张到和谐的连续性过程。① 二是比较政党前沿问题，如新近有关技术进步与政党政治的研究较多关注大数据、人工智能等对政党的影响，包括技术对政党治理术本身的影响，以及政党政治本身形态因技术而产生的改变。② 再次，比较政党的理念方法，主要探讨中国比较政党研究的理念革新与发展进路。如阚天舒等认为，构建综合考察世界各国政党治理水平和政党发展前景的景气指数，有助于总结一些国家政党的成功经验，在批判西方政党话语霸权中弘扬中国智慧。③

表0.2 中国比较政党研究的主题与数量（单位：篇）

	2011—2012	2013—2014	2015—2016	2017—2018	2019—2020	合计
比较视野下当代中国政党	37 (21.5%)	30 (16.8%)	17 (12.2%)	25 (16.6%)	30 (28%)	139 (18.6%)
世界政党政治发展态势	67 (38.9%)	82 (46.1%)	64 (46%)	68 (45%)	41 (38.3%)	322 (43.1%)
中外政党历史比较	19 (11.1%)	9 (5.1%)	8 (5.8%)	11 (7.3%)	3 (2.8%)	50 (6.7%)
西方政党学说与研究动态	12 (6.9%)	10 (5.6%)	5 (3.6%)	13 (8.6%)	2 (1.9%)	42 (5.6%)
比较政党创新理论	37 (21.5%)	47 (26.4%)	45 (32.4%)	34 (22.5%)	31 (28.9%)	194 (25.9%)
合计	172 (100%)	178 (100%)	139 (100%)	151 (100%)	107 (100%)	747 (100%)

① 张春满：《中西政党政治的实践、研究范式和方法：一个理论反思》，载《经济社会体制比较》2019年第5期，第126—137页。

② 束赟：《赋能与执行：新技术时代政党组织的发展》，载《学术月刊》2019年第12期，第71—80页。

③ 阚天舒、方彪：《当前世界政党政治发展评估与新型政党制度的动能释放》，载《探索》2019年第5期，第93—106页。

客观分析中国比较政党研究的现状分析（见表0.2），可以发现该领域在整体推进的同时仍存在一些短板。现有研究的不足之处以及未来研究的重点方向主要是三个方面：首先，现有研究的理论化程度不够。一方面，政党比较作为一种学术研究路径早已被广泛运用，但却没有对何为比较政党做出系统而与时俱进的回答。另一方面，目前的研究存在同质化问题，具有较高水准的原创性成果相对不足。大量论文并没有采用任何现有理论，如对国外政党的分析许多只是在不同的国家背景中重复考察类似的问题。第二，研究技术的创新程度也比较缺乏。现有研究以质化方法为主导，这造成研究对象聚焦于中国、欧美、亚洲邻国的政党现象，对其他大部分国家的政党研究尚属薄弱环节，也导致研究成果的国际化程度不高。目前方兴未艾的大数据、可视化等方法将对未来中国比较政党研究有所助益，但现有研究运用到这些技术的乏善可陈。第三，学科之间关联性不强。比较政党研究就其本质而言是一个系统的、跨学科的话题，单独依靠政治学不足以完成这个系统工程。如何通过实质性交叉，在不同学科研究之间建立起联系，获得创新型研究成果，仍旧任重道远。

三、中国比较政党研究的优化路径

中国比较政党研究的历史和现状与中国认识自我、走向世界的过程息息相关，既得益于国家发展的推动，又难以逃脱权力话语的樊篱。针对中国比较政党研究正在兴起的理论与实践现实，要调适其研究张力与增强实践适应性，就需要处理好理论范式、议题领域和研究方法三方面问题，拓展相关研究的内涵与外延，促进新的研究增长点出现。

1. 理论范式：特殊性与普遍性相衔接

理论范式是开展比较政党研究的基础，不同的范式有不同的假设和应用范围。比较政党研究的多样性决定了任何一种范式都只是提供部分解释或解决方案。在开展具体研究时采用何种分析范式,取决于比较政党研究的目标设定和价值取向。从研究目标看,未来中国比较政党研究的首要任务是理论创新,本质是为了打破西方知识及其背后的观念垄断,建立新的政党研究话语体系。与此同时,中国比较政党研究也应具有政策性价值。一方面,通过科学研判各国政党发展态势以知悉各国政情,为国家对外交往提供信息支持;另一方面,就政党完善自身治理、引领国家治理和参与全球治理坦诚交流互鉴。

在价值取向上,中国比较政党研究应当在"存异"与"求同"间寻找平衡。政党比较始终处于普遍性制度与特殊性文化的张力之中。普遍性鼓励不同系统间的比较,但其极化在目前可能导致西方中心论;特殊性质疑不同系统间的比较,但其极化也会导致自我中心论,排斥任何可能有意义的比较。[1] 行为主义影响下的西方比较政党研究体现出强烈的外向型特征,企图输出竞争性选举的政党政治模式。"存异"是指中国比较政党研究需要对上述普适性倾向正本清源,尤其是对中国与西方在政党概念、政党与国家、政党与政府、政党与社会、政党间关系的分析,必须从本质性的二分法基础上展开。"求同"是指在正视差别的基础上,中国比较政党研究应通过界定一些核心概念,如近年来提出的政党中心主义、政党制度化、政党自主性,以及政党认同、政党能力、党内法治等,重塑政党研究的基础,着重解释新兴国家和发展中国家政党政治的发展逻辑。当然,将这些概念运用到不同案例时,需要充分考虑其特殊的适用情境和背景要素。这种变化实际上体现出比较政党研究特殊性向普遍性立场的转变与融合。这符合一些学者所倡导的中国政党研

---

[1] 许瑶:《西方比较政治学的方法论误区》,载《国外理论动态》2017年第1期,第32—40页。

究的基本价值应该是普遍性共识与情境性适用相结合的观点。①

具体而言,目前中国比较政党研究的基本范式可以概括为三类:一是诠释性研究,主要通过历史叙事和事实阐述,并从理论上证实中国政党模式的合理性与有效性;二是批判性研究,主要通过案例分析和直接比较揭示西方政党政治存在的问题,辩证批判西方政党学说的普适性误区;三是解释性研究,主要通过实证分析、理论推演等,回应和预测本国和世界政党政治发展过程中的新趋势、新问题。与西方比较政党研究议题相比较,中国政党政治的实践案例更具有自身的文化与制度特点,如何适当地应用到具体研究中,关乎中国比较政党研究能否规范发展。在三种研究范式中,诠释性研究比较成熟,如通过时序分析对中国政党与国家关系的特殊性进行考察。而批判性和解释性研究有待加强,如现有批判性研究普遍缺少严谨的理论工具。实际上,马克思主义政党理论就是建立在对西方政党学说的批判和反思基础上,理应成为中国比较政党研究不断深耕的基础。就解释性研究而言,今后应更多通过实证性的地方性知识,理解变化中的政治结构、社会行动者(包括认知、行为和价值)与社会环境三者之间围绕政党的复杂互动,使相关研究更具专业化与科学性。

2. 议题领域:问题驱动与本体基础相统一

学术研究多始于对既有问题的创造性发现,议题领域是比较政党研究开展的具体问题情境。在本国与外部世界的变局过程中,无论是政党、国家抑或是全球层面,都在创造不同类型的政党研究问题和对象。中国对世界的认识是差异化的,早期这种认识与国家的外交方针有很大

---

① 陈家喜:《中国情境下政党研究的话语建构》,载《国外社会科学》2019年第5期,第77—84页。

关系。随着市场化与全球化浪潮,中国人认识外部世界的影响因素也不再单一。政党现象与一国的政治、经济、文化、法律、社会等各方面都息息相关,中国知识界对政党的研究也由宏观转向微观,从不同角度考察国内外政党政治的各个方面。此外,研究者所处的文化环境与既往经验对他们的研究视角存在较大影响,在不同学科受训的人们在应付类似问题的方法上存在明显不同。如一些国内学者在对国外政党的个案分析中,多使用萨托利、亨廷顿等西方学者的理论框架,而这些理论观点在进行中外政党制度的比较研究时又是不被提倡直接套用的。议题的分散性以及相应话语的混同对学科内的融合与互动设置了障碍,难以形成有活力的学术社群,导致目前中国比较政党研究的整体竞争力相对较弱。

未来中国比较政党研究应处理好问题驱动与本体基础的关系,推进研究方向多元化,从不同学科视角全方位揭示政党政治的构成要素和建构过程。更为重要的是,在对研究问题罗列和整理以及对典型案例搜集与分析的基础上,应进一步提炼相关研究的本体论基础,构建具有解释力的原创概念和理论,建立起问题取向与学术取向间的紧密互动。由于国家治理现代化是今后很长一段时期的国家战略和社会科学话语构建的基点[1],近年来中国政党政治的治理能力和经验带来一系列西方知识框架下很难回答的理论命题。因此,国家治理现代化理应成为中国比较政党研究的切入点。中国比较政党研究的可行路径是,以国家治理为叙事背景,构建出一套"丈量"各国政党政治的度量标准。如参照类型学划分,衡量政党体制间治理功能强度上的差异,也可以勾勒单一政党体制的历史发展轨迹。在确立国家治理的研究语境和衡量标准后,将政党与国家治理的问题具体化,如政党与政府治理、经济治理、基层社会治理、文化治理等,以期与国家治理的宏观理论呼应与整合。

---

[1] 高奇琦:《比较政治》,高等教育出版社2016年版,第358—359页。

在国家治理的宏观理论视野中探讨政党问题，可以避免西方政党研究中占主导地位的民主转型理论对中国事实的偏见与误读。与此同时，将中国政党模式的特征与优势加以总结，在解释自身政治逻辑，增强制度自信的同时，对人类政治文明贡献中国智慧。将中国政党模式放在国际比较的背景下，特别是聚焦发展中国家政党发展面临的问题。通过对中国问题的深入研究和发展中国家问题的理论关照，提出更多有针对性、标识性的概念，并修正西方政党理论。由此，推动中国比较政党研究持续深入发展。

3. 研究方法：单因解释与多因分析相结合

研究方法是比较政党研究的操作性工具，不同研究方法有其不同的优势。使用单一方法开展研究的路径往往是比较固定的，而不同方法间的取长补短使得解释现象发生的原因趋向多元。随着统计学和经济学对政治学的影响日益加深，21世纪以来，定量方法在西方比较政党研究中大行其道。与之不同的是，中国比较政党研究首先还是依赖比较历史分析和单一案例分析等传统的质性研究方法。通过比较不同文化背景国家政党的成功与失败经验，较好地调和了普遍性与特殊性之间的张力。但现有研究在重视研究意义和价值的同时，一定程度上忽视了微观、精细的科学操作。一些没有经过严谨论证的结论难以真正解读和解决当下中国与世界政党发展面临的难题。此外，个案分析成本较高，只能对某些利益更加相关的国家和议题采用，所涉及的变量和维度也比较有限。

中国比较政党研究的未来发展需要推动研究方法走向体系化。由于比较政党研究选取的样本在具体层面上往往存在较大差异，如案例间在制度设计上的共性显著减少，案例数量不足，各案例的信息透明度也不尽相同。因此该领域的可行途径是以小样本的质性分析为主，而定量数据则主要作为背景资料加以使用。小样本比较研究方法的核心逻辑是最大相似性,与大样本法相比,其最大特点在于研究者需要确定一个选取案例的标准作为控制变量,以此为依据选择较少数量的研究案例。研究者对每个案例展开经验研究,探寻其中自变量与因变量的关系,最后总结出导致因变量出现变化的规律。[①] 灵活多样的案例选择标准保证了研究视角不断拓宽的情况下,对制度设计差异较大的案例进行比较研究成为可能。严格的变量体系不但使研究所得出的结论具有很强的针对性和广泛解释力,而且结论也具有科学的方法论依据。比较政党研究在实际操作中经常由一位研究者牵头确定研究诸变量,汇总和撰写研究结论,具体的个案则由专门研究国别政治的学者分别完成。这样一方面保证了对各案例研究的专业性和深度,解决了研究者自身知识范围局限性可能导致的缺陷;另一方面又保证了多人合作进行的比较研究中方法、视角和理论框架的统一性。

如何把质性研究和定量研究结合起来,比较政治领域最新的方法论发展趋势是综合或者混合应用多种研究方法。混合分析是针对特定的研究问题,为了激发不同研究方法的互补优势而将多种方法聚合起来的分析。[②] 一方面结合了大样本的统计分析,另一方面也结合了从大样本中选择出来的一个或者多个案例的深度研究。以大样本分析开始是一种归纳的逻辑,大样本分析能够为对立性的解释提供真知灼见,并且帮助小样本分析形成好的案例选择策略。以小样本分析开始是一种演绎的逻

[①] Evan S. Lieberman, "Nested Analysis as a Mixed-method Strategy for Comparative Research", *American Political Science Review*, 2005, pp.450-451.

[②] Jack S. Levy, "Qualitative Methods and Cross-method Dialogue in Political Science", *Comparative Political Studies*, Vol.40, No.2, 2007, pp.196-204.

辑，小样本分析能够为大样本分析在策略工具和模型设定方面提高质量。① 真正的混合分析方法应当实现不同方法之间取长补短。为了追踪世界范围政党政治的最新实践，比较政党学术建构过程中也要及时关注包括大数据在内的新科技革命所带来的影响，以便为不同的政党研究提供有力的工具。中国比较政党研究需要发挥更大的政治和社会影响，重要方式之一是将理论指数化。实现比较政党研究由描述性分析到诊断性分析，预测性分析到规范性分析的转变。

中国比较政党研究的最终目标，是探索建立符合各国国情的、更为合理有效的政治参与和公民授权制度。随着各国社会经济政治各方面状况的改变，与政党相关的制度、功能和行为特征也处在变迁当中。在这种情况下，政党研究一方面仍要去解决一些看似已经讨论了上百年的老问题（如究竟是采取两党制还是多党制），一方面又要去面对大量的新情况和新问题（如新科技革命对政党运行带来的机遇和挑战）。显然，在中国比较政党研究领域，从自在到自为的转变正在发生，还有大量工作有待中国学者们对其开展不断深入的研究。

---

① David Marsh and Stoker Gerry, *Theories and Methods in Political Science*, Palgrave, 2002, p.301.

上 篇

新时代中国政党理论探索与创新

第一章 以科学思维方法把握新时代坚持和加强党的全面领导理论内涵与实践要求

新时代中国特色社会主义理论与实践蕴含着习近平总书记关于治国理政的一系列科学思维方法。运用这些思维方法理解和把握新时代党的全面领导理论内涵与实践要求，是践行初心使命圆梦复兴伟业的价值指向，是开辟现代化新路实现共同富裕的时代呼唤，是锻造强大政党引领伟大社会革命的活力来源。运用习近平科学思维方法理解新时代党的全面领导理论内涵，体现为以战略思维洞悉中国共产党领导是我们治国理政的本根，以历史思维领悟中国共产党领导是中国历史发展的必然，以辩证思维明确党的领导必须是全面的、系统的、整体的，以创新思维谋划党的领导推进国家治理能力和水平全面提高，以法治思维彰显党的领导是中国特色社会主义法治之魂，以底线思维守牢党的领导原则底线，着力解决党内问题。以习近平科学思维方法把握新时代党的全面领导实践要求，需要强化全局意识，夯实党的全面领导政治基础；强化接力意识，增强党的全面领导精神动力；强化攻坚意识，完善党的全面领导能力培育；强化机遇意识，构建党的全面领导制度保障。

科学思维方法是形成并运用于科学认识活动，对感性认识材料进行加工处理的方式与途径的理论方法。① 中国共产党在领导中国社会发生根本变革的探索过程中形成了一系列治国理政的科学思维方法，体现出对马克思主义基本立场、观点和方法的主动内化与自觉运用。新时代中国共产党继承并发展了善于运用科学思维方法的优良传统。习近平总书记关于治国理政的科学思维方法为观察和分析党的全面领导理论与实践提供了重要视角与基本线索，有助于我们在深刻理解新时代党的全面领导基本内涵，准确把握其理论价值的基础上，提高自身工作的科学性、预见性、主动性与创造性。

一、以科学思维方法认识和推进新时代坚持和加强党的全面领导的重要意义

习近平总书记指出："新的征程上，我们必须坚持党的全面领导，不断完善党的领导"②，"提高战略思维、历史思维、辩证思维、创新思维、法治思维、底线思维能力，善于从纷繁复杂的矛盾中把握规律，不断积累经验、增长才干"③。运用上述科学思维方法认识和推进新时代党的全面领导具有重要意义。

1. 践行初心使命圆梦复兴伟业的价值指向

始终把握历史大势，准确判断时代方位，积极赢得战略主动，善于总结成功经验是我们党百年来领导革命、建设、改革不断走向胜利的一

---

① 彭蕾、唐华：《科学思维方法概论》，陕西人民教育出版社2013年版，第3页。

② 习近平：《在庆祝中国共产党成立100周年大会上的讲话》，载《人民日报》，2021年7月2日。

③ 《习近平谈治国理政》（第三卷），外文出版社2020年版，第223页。

条重要经验。民族复兴的千秋伟业在历史积淀中迈出铿锵步伐，社会主义现代化的宏伟蓝图在战略筹谋中变为现实。中国共产党能不能在领导中国社会主义事业不断前进的伟大进程中始终焕发生机活力，能不能带领中国人民在世界历史进程中不断创造属于本民族的伟大历史时间，需要"一代一代共产党人继续作出回答"①，也考验着党的战略洞察力与历史领悟力。

战略思维方法是一种立足全局谋长远，洞悉本质思良策的科学思维方法，体现出观察、思考和解决问题时的整体观、洞察力与前瞻性。习近平总书记深刻指出："全党要提高战略思维能力，不断增强工作的原则性、系统性、预见性、创造性"②。中国共产党如何才能为实现中华民族伟大复兴的美好前景进一步奠定坚实基础，为推动构建人类命运共同体的宏伟目标探路领航，如何才能永远立于不败之地。面对这些关乎党的坚强领导的战略性、根本性问题，以习近平同志为核心的党中央体现出观势谋事的战略考量，人民至上的价值导向，底蕴厚重的战略自信，统驭全局的战略谋划，坚如磐石的战略保障。

历史思维方法就是以唯物史观和唯物辩证法为指导，把握事物发展的时序关系，通过认识过去，从而理解当下，进而谋划未来的科学思维方法。习近平同志指出："弄清楚我们从哪儿来、往哪儿去，很多问题才能看得深、把得准。"③ 放眼世界格局风云变幻，百年恰是风华正茂的中国共产党要以时不我待的奋进之姿与时间赛跑、与历史并进，"站

---

① 《习近平关于社会主义文化建设论述摘编》，中央文献出版社2017年版，第32页。
② 《习近平谈治国理政》（第二卷），外文出版社2017年版，第62页。
③ 《习近平谈治国理政》（第三卷），外文出版社2020年版，第70页。

在时代潮流最前列、站在攻坚克难最前沿、站在最广大人民之中"①，敢于担当、善于作为。新时代党的全面领导正是在总结历史经验、传承历史基因、把握历史大势中锚定宏伟蓝图，谋划布局历史伟业。

2. 开辟现代化新路实现共同富裕的时代呼唤

推动经济社会健康发展，带领人民实现共同富裕，开辟和巩固中国式现代化新道路，是我们党面向第二个百年目标，领导执政兴国的重要任务。当前我国发展所面临的形势表现为：发展领域日趋拓宽、分工日益复杂、形态日臻高级、国内国际联动愈加密切。② 能否在引领经济社会发展中体现领导核心作用，驾驭好世界第二大经济体，从根本上考验着我们党执政的能力和水平。③ 各级党委在领导制定经济社会发展规划与具体政策、研判经济形势、作出重大决策时，应立足最广大人民的根本利益；解放思想、实事求是、研究规律、敢闯敢试。同时加强对本地区经济社会发展重大事项执行情况的监督，使党中央决策部署既体现在对发展方向的宏观把握上，又落实到政策措施提出与实施的具体环节中。运用创新思维和法治思维，以制度化、规范化、程序化完善相关机制建设，成为各级党委强化对经济社会发展领导的实现途径。

创新思维方法就是在思想理念上勇于打破陈规、与时俱进，通过认识上的新跨越打开工作新局面的思维方法。中国共产党人只有树立战略思维，才能在推动经济社会发展和各领域建设中把准方向、科学谋划、

---

① 习近平：《在党史学习教育动员大会上的讲话》，载《人民日报》，2021年4月1日。
② 《十八大以来重要文献选编》（中），中央文献出版社2016年版，第835页。
③ 《十八大以来重要文献选编》（中），中央文献出版社2016年版，第834页。

赢得主动。理论创新与实践创新相协同，制度自信与文化自信相结合是中国特色社会主义的鲜明特征和突出优势，从政治上、理论上、制度上、文化上赋予经济社会发展以强劲动力。适应时代节奏的中国共产党以发展理念之新引领经济社会发展，以党和国家机构改革之新破解体制积弊顽疾，以前所未有的决心和行动打破陈规旧矩的思想束缚，提高了党从全局上把握方向、提出战略、制定政策的能力，为我国改革与发展这艘航船定向掌舵，推进国家治理能力和治理水平稳步提升。

法治思维方法就是在想问题、办事情、做决策的过程中，自觉接受法治约束与指引，自觉践行法治理念和方法，在法治轨道上推动各项工作的思维方法。新时代党的全面领导的理论逻辑与实践展开，体现了习近平总书记在党与法关系上的重要论述精神和关于依法办事、依法执政，发挥法治固根本、稳预期、利长远的保障作用等一系列重要观点，推进党的领导沿着法治化轨道前进。

3. 锻造强大政党引领伟大社会革命的活力来源

肩负着时代和民族的重托与希望，面临着"四大考验"与"四种危险"的长期挑战，我们党唯有做到自身过硬，建设一支高素质干部队伍，加强对权力的制约和监督，方能始终担起马克思主义执政党的职责与使命。习近平总书记指出，"党内存在的各种问题，从根本上讲，都与政治建设软弱乏力、政治生活不严肃不健康有关"[1]。反映在部分党员干部身上可归结为三个方面：第一，政治敏锐性缺乏，不善于从政治上看待和解决问题，特别是没有将"国之大者"时刻放在心上；第二，政治意识淡薄，对落实党的政治原则、政治规矩、政治纪律不上心、不走心、不用心，对存在问题可能的政治危害认识不充分；第三，

---

[1] 《习近平谈治国理政》（第三卷），外文出版社2020年版，第504页。

理念与行动相脱节，讲政治没有转变为日常工作中的实际行为，对贯彻落实党中央大政方针敷衍塞责，存在侥幸心理。辩证思维和底线思维成为管党治党过程中必须用好的重要思想武器。

辩证思维方法是贯彻唯物辩证法思想，运用辩证思维能力开展工作的思维方法。具体而言，包括对立统一、抓住主要矛盾和矛盾主要方面的矛盾分析法，全面、系统、普遍看问题的方法，把握事物本质与规律的方法等。高度重视辩证思维方法在驾驭复杂局面，处理全局性问题中的重要作用是以习近平同志为核心的党中央鲜明的思想品格之一。党的十八大以来，党的全面领导取得一系列理论与实践突破，无不焕发着辩证思维方法的理论光辉，也将我们党对辩证唯物主义世界观与方法论的认识和领悟提高到新境界。

底线思维方法是在工作中冷静分析形势时刻居安思危，预判最坏情况做到心中有数，防范潜在风险争取危中求进的思维方法。习近平总书记告诫全党："凡事从坏处准备，努力争取最好的结果，这样才能有备无患、遇事不慌，牢牢把握主动权。"[①] 新时代中国共产党全面领导的许多重要论述和重大举措，正体现了这种安不忘危，未雨绸缪的底线思维。

二、以科学思维方法把握新时代坚持和加强党的全面领导理论内涵

以习近平总书记治国理政思想中蕴含的战略思维、历史思维、辩证思维、创新思维、法治思维、底线思维这六个方面为重要视角和基本线索，新时代党的全面领导理论内涵得以完整、清晰呈现。

[①] 《习近平总书记系列重要讲话读本》，学习出版社、人民出版社2014年版，第180—181页。

1. 战略思维：中国共产党领导是我们治国理政的本根

中国共产党领导是中国特色社会主义的最本质特征和最大优势。党的百年历程证明，中国共产党坚持科学理论指导，坚守理想信念，在不断探索中前进，勇于战胜风险挑战，是推动中国社会发生根本变革、带领中国人民不断前进，发挥总揽全局、协调各方作用的核心领导者，"具有无比坚强的领导力、组织力、执行力"[1]。"在当今中国，没有大于中国共产党的政治力量或其他什么力量"[2]，"没有党的领导，民族复兴必然是空想"[3]。党中央认识到，一旦在党的领导这个问题上犯错误，后果往往是灾难性和不可逆的，要以坚强有力的政治领导承担起历史和人民赋予中国共产党的政治责任。

坚持党中央权威和集中统一领导是党的领导的最高原则。党中央在国家运转中处于何种位置，习近平总书记形象的将之比作是坐镇中军帐的"帅"，比作是中枢和大脑。只有党中央有了一锤定音、定于一尊的权威，国家治理这盘棋才能够大局分明，"车马炮各展其长"[4]。党的理论和路线方针政策由党中央制定，党的任何组织和成员都应当服从党中央领导。在团结全党的基础上，党中央是将全社会牢固凝聚起来的领导力量。党中央有权威，党形成并拥护坚强有力的领导核心，是全党全社会思想统一、万众一心，构筑起坚不可摧力量的前提和依据。"坚持党

---

[1] 习近平：《在全国脱贫攻坚总结表彰大会上的讲话》，载《人民日报》，2021年2月26日。

[2] 《习近平关于"不忘初心、牢记使命"论述摘编》，中央文献出版社2019年版，第100页。

[3] 《习近平谈治国理政》（第三卷），外文出版社2020年版，第94页。

[4] 《习近平关于社会主义政治建设论述摘编》，中央文献出版社2017年版，第31页。

中央权威和集中统一领导","绝不能有丝毫含糊和动摇"。①

2. 历史思维：坚持中国共产党领导是中国历史发展的必然

中国共产党自成立之日起，就"始终把为中国人民谋幸福、为中华民族谋复兴作为自己的初心和使命"②。无论遇到何种艰难险阻与惊涛骇浪，党都能始终保持定力，追寻初心使命矢志不渝。我们党善于从历史中学习，始终能够在历史关头清醒认识自身事业发展所处的历史阶段，并因时因地制定正确的路线方针政策。在团结带领人民追寻美好生活的不懈奋斗中，中国共产党创造了国家发展与社会进步的人间奇迹。伟大道路在探索中开辟，伟大功业在斗争中建立，伟大精神在奋进中铸就，宝贵经验在曲折中积累。

党的历史是引领全党全社会进步的重要精神财富。中国共产党的初心使命连接着过去，承载着当下，昭示着未来。时代在发展，条件在变化，重温党的伟大历史，以史鉴今、资政育人，是传承红色基因、坚定理想信念的信仰之脉，是筑牢红色江山、圆梦复兴伟业的精神之源。红军长征胜利诠释了革命理想高于天的英雄气概。③ 抗美援朝战争胜利表明，被中国共产党团结起来的中国人民，不再惧怕任何强敌的压迫和奴役。党的百年历史生动诠释了中国共产党是真正为民族复兴、为人民幸福不惜流血牺牲，推动中国社会发生根本变革的领导力量，任何其他政治力量都不曾、也不可能做到这些。"任何人任何势力企图歪曲中国共

---

① 习近平：《论坚持党对一切工作的领导》，中央文献出版社2019年版，第220页。
② 《习近平谈治国理政》（第三卷），外文出版社2020年版，第530页。
③ 《习近平谈治国理政》（第二卷），外文出版社2017年版，第47页。

产党的历史、丑化中国共产党的性质和宗旨，中国人民都绝不答应！"①

3. 辩证思维：党的领导必须是全面的、系统的、整体的

以制度体系建设完善党对一切工作的领导。进入新时代，中国共产党勇于破解党的领导面临的一系列体制性、全局性问题。习近平总书记指出："党政军民学，东西南北中，党是领导一切的。"② 领导一切，就是确保"党的领导贯彻和体现到改革发展稳定、内政外交国防、治党治国治军各个领域各个方面"③。实现这一目标的基本途径，是构建一套兼具科学合理的职能配置、完备完善的体制机制的党的领导制度体系，使党的领导有效嵌入中国特色社会主义制度体系。党的领导制度为完善与改进党的领导与执政方式，提高党的执政能力与水平，坚持科学、民主、依法执政，更好推进国家治理现代化提供坚实制度依托。

革命性是中国共产党的精神之根、信仰之魂。中国共产党要实现远大理想和崇高使命，必须推动中国社会发生一次次根本性变革。中国共产党只有以革命的自信和自觉抓好自身建设，才能锻造始终先进纯洁、坚强有力的党，从而正确领导社会革命。"勇于自我革命是中国共产党区别于其他政党的显著标志"④。站在"两个一百年"奋斗目标的时间交汇点上，党的自我革命重新出发，反腐败斗争取得压倒性胜利，党风

---

① 习近平：《在纪念中国人民抗日战争暨世界反法西斯战争胜利75周年座谈会上的讲话》，载《人民日报》，2020年9月3日。

② 《习近平谈治国理政》（第三卷），外文出版社2020年版，第16页。

③ 习近平：《学习马克思主义基本理论是共产党人的必修课》，载《人民日报》，2019年11月16日。

④ 习近平：《在庆祝中国共产党成立100周年大会上的讲话》，载《人民日报》，2021年7月2日。

廉政建设常抓不懈，全面从严治党营造良好党风政风，为引领伟大社会革命新征程注入不竭动力。

4. 创新思维：以党的领导全面提高国家治理能力和治理水平

以新发展理念引领新发展实践。我们党要领导一个十几亿人口的国家实现社会主义现代化，实现共同富裕的目标，离不开适合国情与发展阶段的正确理念指引。新发展理念包含"创新、协调、绿色、开放、共享"① 五方面内涵，深刻领会和全面贯彻这一理念是各级党委推动本地区本部门发展的一项重要工作要求和政治要求。② 各级领导干部站在政治高度经常对标对表，及时校准偏差，对"国之大者"了然于胸，注重"发展的质量、结构、规模、速度、效益、安全等各要素的统一"③。顺应发展新阶段，运用发展新理念，开创发展新格局。

党和国家机构改革的有效推进，实现了国家治理能力提高与党的长期执政能力增强的有机统一，实现了相关制度机制完善与机构职能优化调整相辅相成，从机构设置和职能配置上构建起适应新形势新任务的党的领导、政府治理、武装力量、群团工作等体系的基本框架，使党的领导体系实现了全领域覆盖、全过程贯穿。④ 不同机构、各种职能在党的领导体系中实现协调配合、有序衔接、良性运转。党的全面领导主抓涉及党和国家事业全局的重大工作和关键环节，发挥统领和协同功能，特别注重对统领的层次和力度的把握，既保证党中央令行禁止，中央与地

---

① 《习近平谈治国理政》（第二卷），外文出版社2017年版，第197页。
② 《完整准确全面贯彻新发展理念确保"十四五"时期我国发展开好局起好步》，载《人民日报》，2021年1月30日。
③ 习近平：《把握新发展阶段，贯彻新发展理念，构建新发展格局》，载《求是》，2021年第9期。
④ 《习近平谈治国理政》（第三卷），外文出版社2020年版，第169页。

方各级政令统一，又营造各方面工作充满活力、顺畅运行的环境。

5. 法治思维：党的领导是中国特色社会主义法治之魂

习近平总书记指出："'党大还是法大'是一个政治陷阱，是一个伪命题。"① 这一论断有力回应了在党法关系上的种种偏见和质疑。党的领导和社会主义法治具有内在统一性。中国共产党是中国一切政治生活的领导者，社会主义法治需要党的领导为其把握政治方向，更好体现党和人民的意志。社会主义法治也成为党有效领导国家的基本方式。历史和现实都证明，依法治国为党的执政地位巩固和国家长治久安保驾护航，"党的领导是中国特色社会主义法治之魂"②。

依法治国的提出和实施从价值与实践维度使党的领导与人民当家作主有机统一起来。人民当家作主的实现必须以国家和社会生活的制度化、法治化作为条件，这就需要在党的领导下依法治国、厉行法治。任何打着以人民当家作主和依法治国旗号动摇和否定党的领导，将它们对立起来的观点和行为，"在思想上是完全错误的，在政治上也是十分危险的"③。各级党政组织的日常工作和活动，任何党组织、党员和领导干部都应遵守宪法和法律。党委对于重要事项的领导，主要"是一种政治性、程序性、职责性的把握"④，绝不是逾越法律行使特权，更不是私情插手、包庇干预。

---

① 习近平：《坚定不移走中国特色社会主义法治道路，为全面建设社会主义现代化国家提供有力法治保障》，载《人民日报》，2020年11月18日。

② 《习近平关于协调推进"四个全面"战略布局论述摘编》，中央文献出版社2015年版，第115页。

③ 《习近平关于全面依法治国论述摘编》，中央文献出版社2015年版，第19页。

④ 习近平：《坚定不移走中国特色社会主义法治道路，为全面建设社会主义现代化国家提供有力法治保障》，载《人民日报》，2020年11月18日。

6. 底线思维：守牢党的领导原则底线，着力解决党内问题

中华民族伟大复兴的实现绝不可能是一帆风顺的。脱离党的领导，不仅将导致国家发展的既定目标无法实现，而且必然会出现各自为政、经济倒退、民心涣散等灾难性后果。在守牢党的领导原则底线这一重大问题上，全党要以"图之于未萌，虑之于未有"的精神状态，敢于斗争、敢于胜利；坚决杜绝一切违背人民利益、脱离群众的行为，更加自觉增进人民福祉；有效破解阻碍党的领导扎实落地的积弊顽疾，更加自觉投身创新攻坚；沉着应对前进过程中遇到的各种困难和挑战，主动预防与化解风险；"坚决反对一切分裂祖国、破坏民族团结和社会和谐稳定的行为"①，更加自觉捍卫国家主权、安全、发展利益。

党的十八大以来，各级党员干部更为自觉地坚定党性原则，以刮骨疗毒的决心直面问题，与各种动摇党的领导、弱化党的执政地位的行为做坚决斗争，同一切违背党的政治纪律和政治规矩的现象划清界限。各级党组织自觉清除侵蚀党的健康肌体的病毒，消除损害党的先进性与纯洁性的毒瘤，在日常管理监督中落实党的领导；坚决防止党内形成特权阶层，坚决防止享乐主义、奢靡之风等回潮复燃②；抓早抓小、防微杜渐；积极做好提醒和警示，避免自己的同志"在错误的道路上越滑越远"③；严肃查处对贯彻党中央精神高举轻放、阳奉阴违等现象。

---

① 《十九大以来重要文献选编》（上），中央文献出版社2019年版，第11页。
② 《习近平谈治国理政》（第三卷），外文出版社2020年版，第507页。
③ 习近平：《在第十八届中央纪律检查委员会第六次全体会议上的讲话》，载《人民日报》，2016年5月3日。

三、运用科学思维方法推进新时代坚持和加强党的全面领导的实践要求

在把握新时代党的全面领导理论内涵的基础上，运用习近平科学思维方法推进党的全面领导，在实践中应强化党的全面领导的全局意识、接力意识、攻坚意识、机遇意识，实现党的全面领导的政治基础、精神动力、能力培育、制度保障同向发力、形成合力。

1. 强化全局意识，夯实党的全面领导政治基础

坚持人民主体地位和党的领导相统一。习近平总书记以"江山就是人民，人民就是江山"① 的论断道出了中国共产党能够深得民心、长期执政的奥秘所在。党领导革命、建设和改革，无不践行着一切为了人民、一切依靠人民的理念。我们党来自人民，人民是党执政最大的底气。党没有任何自己的特殊利益，通过提出和贯彻符合人民根本利益的路线方针政策带领人民前进。我们党植根人民，人民是党的领导力的深厚基础，党通过人民的实践创造和发展要求不断完善自身政策主张，推动改革发展成果普惠全体人民。"不断增强党的政治领导力、思想引领力、群众组织力、社会号召力，永远保持党同人民群众的血肉联系"②，中国共产党就能够始终赢得人民信任，汇聚人民力量，依靠人民不断取得胜利，让人民过上好日子。

加强党的政治建设是维护党中央权威和集中统一领导的关键。党员干部面对纷繁复杂的局面，如何才能做到"不畏浮云遮望眼""乱云飞

---

① 习近平:《在党史学习教育动员大会上的讲话》，载《人民日报》，2021年4月1日。

② 习近平:《在全国抗击新冠肺炎疫情表彰大会上的讲话》，载《人民日报》，2020年9月8日。

渡仍从容"呢？习近平总书记指出，"在干部干好工作所需的各种能力中，政治能力是第一位的"①。只有政治上过硬，才能够坚定不移向党中央看齐，与党中央保持高度一致，真诚拥护党的领导核心。增强"四个意识"、坚定"四个自信"、做到"两个维护"是党的政治建设的基本要求。各级党员干部要在坚持党的领导与社会主义制度的政治方向中提高政治判断力；要从政治的高度观察和思考问题，在洞悉事物的本质中锻炼政治领悟力；要在模范遵守党的政治纪律和政治规矩，增强对党规国法的敬畏中提高政治执行力。

2. 强化接力意识，增强党的全面领导精神动力

在学习党的历史中增强开拓前进的勇气和力量。教育和引导广大党员干部在回顾党的辉煌成就、艰辛历程中筑牢初心使命、坚定理想信念，做到始终不渝听党话、跟党走；在总结党的历史经验、优良传统中增强党性修养、提高自身工作本领，在严峻考验面前不退缩、不迷航。教育和引导全社会在追寻历史轨迹中树立对党的领导的自信，认同中国共产党领导是历史的必然；在把握历史规律中认识到马克思主义及其中国化理论成果的重要指导意义，深化对党的创新理论的领悟与践行。以一百多年中国近现代史、百年党史、七十余载新中国史与四十多年改革开放史的事实，回答好马克思主义为什么行、中国共产党为什么能、中国特色社会主义为什么好等问题，"把伟大建党精神继承下去、发扬光大"②。

---

① 《年轻干部要提高解决实际问题能力想干事能干事干成事》，载《人民日报》，2020 年 10 月 11 日。

② 习近平：《在庆祝中国共产党成立 100 周年大会上的讲话》，载《人民日报》，2021 年 7 月 2 日。

在筑牢意识形态安全堤坝中化危为机。当前,我国外部环境复杂,国际间大国博弈加剧,各种思想交锋日趋激烈。坚持党的领导尤其需要坚持不懈开展党的创新理论、理想信念、奋斗精神教育。在面对西方话语陷阱时敢于亮剑,讲清楚我国人民民主与西方所谓"宪政"的本质区别①,讲清楚我们深化改革、推进国家治理现代化的方向和目标,是立足党和人民事业长远利益,完善和发展我国社会主义制度,"绝不是西方化和资本主义化"②。套用西方理论在我们自己身上,简单移植,只能是缘木求鱼,会出现不可逆的颠覆性错误。要教育好青年一代,为社会主义发展与红色江山传承铸魂育才,绝不能培养出"长着中国脸,不是中国心,没有中国情,缺少中国味"③ 的社会主义破坏者和掘墓人。

3. 强化攻坚意识,完善党的全面领导能力培育

推进党的领导顶层设计与基层落实相统一。目前,基层贯彻落实党的领导还存在各种形式的"中梗阻"。党的领导在一些国有企业存在向基层延伸逐级递减问题;部分高校党的领导还没有很好融入办学治校、教书育人全过程;社会组织中的党建工作"大多没有真正破题"。④ 这说明,党的组织贯通程度和工作执行力度还有较大的提升空间。各级党委和组织部门要将推进"基层党组织全面进步、全面过硬"⑤ 作为一项紧要工作来抓,从组织设置优化、隶属关系顺畅、活动方式创新等方面

---

① 《习近平关于总体国家安全观论述摘编》,中央文献出版社 2018 年版,第 25 页。

② 《习近平关于总体国家安全观论述摘编》,中央文献出版社 2018 年版,第 24 页。

③ 《十九大以来重要文献选编》(上),中央文献出版社 2019 年版,第 647 页。

④ 《十九大以来重要文献选编》(上),中央文献出版社 2019 年版,第 561 页。

⑤ 《十九大以来重要文献选编》(上),中央文献出版社 2019 年版,第 561 页。

入手，统筹加强企业、农村、机关、事业单位、社区等领域党建工作。加强互联网党建，加强各类各级社会组织中党的领导基础工程，扩大新业态新领域中党的凝聚力与号召力，走好落实基层党的领导"最后一里路"。

"管党治党，必须严字当头"①。新时代中国共产党自我革命精神与行动体现在：党自身创造力、凝聚力、战斗力的不断提高是党能够始终勇立时代潮头的活力源泉；勇于坚持真理、修正错误是党得以经受各种风浪考验、永葆马克思主义执政党朝气蓬勃生命力的制胜法宝；坚守党的性质宗旨与初心使命是党始终得到人民衷心拥护的关键因素。党的自我革命在实践中强调继承与创新相结合，协同推进与重点突破相统一。"全面推进党的政治建设、思想建设、组织建设、作风建设、纪律建设，把制度建设贯穿其中，深入推进反腐败斗争"②。为党内政治生态实现健康发展，拿出恒心和韧劲，在常和长上下功夫遏制党的领导弱化，在严和实上下功夫消解党的建设缺失，在深和细上下功夫扭转管党治党不力状况。严明纪律和规矩，形成习惯、抓出成效。

4. 强化机遇意识，构建党的全面领导制度保障

通过制度创新激发改革伟力。以破解体制机制藩篱，实现党和国家机构职能协同高效运转为主要目标的深化党和国家机构改革是新时代全面深化改革中的重要一环，成为进一步提高国家治理能力和治理水平的战略举措。坚持和加强党的全面领导是本轮党和国家机构改革总体部署中居于统领地位的内容和目标。实现这一改革目标，主要任务是健全党对重大工作的领导体制，强化党中央决策议事协调机构职

---

① 《十八大以来重要文献选编》（下），中央文献出版社2018年版，第355页。
② 《习近平谈治国理政》（第三卷），外文出版社2020年版，第504页。

能作用，完善推动党中央重大决策落实机制；基本举措包括制定和完善党内法规，强化党政机构职能统筹，提高各机构履职尽责能力，推进相关配套改革，实现机构编制法定化等；重要保证是发挥中央与地方两个积极性，严明政治纪律和政治规矩，增强党政干部干事创业敢担当的本领作为。①

依法治国自提出以来得到了扎实推进，并被不断赋予新的时代内涵。以制度落地和工作机制细化为着力点完善新时代党对全面依法治国的领导，应以"四个善于"作为工作目标②，并遵循以下具体路径：一是坚持党的领导必须贯穿于依法治国全过程与各环节，即党领导人民制定宪法和法律、执行宪法和法律与党自觉遵守宪法和法律构成一个有机整体。二是切实保障人民当家作主权利，依托人民代表大会制度与其他相关制度平台，保障人民有序政治参与，充分调动人民积极性。三是践行依法执政理念，以服务、责任、法治、廉洁作为政府建设的基本要求，保证国家政权机关积极主动、独立负责、协调一致在宪法和法律的范围内开展工作。四是夯实党领导依法治国的政治基础与能力基础，发挥各级党组织和党员干部的政治表率和先锋模范作用③，提高运用法治理念和方式推动发展、促进改革、维护稳定的能力。五是将法治思维和规则意识贯彻到管党治党过程中，党在治理国家时需要依据宪法和法律，党内政治生活也应遵循党章和党内法规。

---

① 《习近平谈治国理政》（第三卷），外文出版社2020年版，第107页。

② "四个善于"，即善于使党的主张通过法定程序成为国家意志，善于使党组织推荐的人选通过法定程序成为国家政权机关领导人员，善于通过国家政权机关实施党对国家和社会的领导，善于运用民主集中制原则维护党和国家权威、维护全党全国团结统一。参见《十八大以来重要文献选编》（中），中央文献出版社2016年版，第54页。

③ 习近平：《加快建设社会主义法治国家》，载《人民日报》，2015年1月1日。

第二章 "以伟大自我革命引领伟大社会革命":马克思恩格斯党的领导思想的中国化表达

党的领导思想是马克思主义政党理论的重要组成部分,也是新时代中国共产党学习和实践马克思主义的重要方面。作为马克思主义政党理论的创立者,马克思恩格斯关于党的领导相关论述涉及人类解放的崇高使命、共产党的先进性、多向度的领导方式三大部分,从引领社会革命与推进自我革命两个方面完整阐述了马克思主义政党领导的根本目的、根本保证与根本方法。构成理论上严密、完整与一贯的逻辑体系,体现了彻底的革命性及其与社会现实的紧密关系。中国共产党对社会革命与自我革命的百年探索是对马克思恩格斯党的领导思想的生动实践。进入新时代,中国共产党提出"以伟大自我革命引领伟大社会革命",诠释了追寻民族伟大复兴中国梦的使命与担当,突出以自我革命锻造打铁过硬领导一切的能力与品格,强调以制度体系推动全面领导整体布局转化为治理效能,从伟大使命、本质属性、路径选择三个方面呈现了马克思恩格斯党的领导思想的时代内涵与中国化表达。

如何推进马克思主义政党理论研究?如何解释现实社会主义运动中马克思主义政党面临的诸多矛盾?如何实现马克思主义政党远大理想与

当前目标之间的平衡？在中国特色社会主义进入新时代的今天，上述理论与实践问题迫切呈现在马克思主义研究者面前。马克思主义政党理论是马克思主义政党领导无产阶级和人民群众进行伟大社会革命，并勇于进行自我革命的科学理论。党的领导始终是马克思主义政党理论的核心问题，在其学说中占据提纲挈领的地位。进入新时代，中国共产党推进治国理政与管党治党理论创新，提出了"以伟大自我革命引领伟大社会革命"的重要论断，是对马克思主义党的领导思想的坚持和发展。马克思恩格斯是马克思主义政党理论的创立者，厘清马克思恩格斯党的领导思想的理论逻辑，论析其精神实质与时代内涵，无疑具有学术探索与社会实践的双重价值。

一、马克思恩格斯党的领导思想的学术史梳理

马克思恩格斯党的领导思想自诞生以来，一直得到众多学者的确证，也受到各种理论的追问。从路径和方法来看，目前国内学术界关于马克思恩格斯党的领导思想主要存在政党学与领导学两类研究视角。政党学视角将党的领导视为马克思主义政党活动的特征与方式。赵云献在《马克思主义党学》一书中指出，马克思恩格斯首先提出"党是核心"的观点，并论证无产阶级政党领导权问题的基本要点。[①] 王沪宁主编的《政治的逻辑：马克思主义政治学原理》分析了党的领导所指涉的对象，包括党领导本组织、领导阶级、领导国家政权、领导革命和建设事业等。[②] 领导学路径将马克思主义政党视为无产阶级推进社会主义运动的具体实施者。王修智主编的《马克思恩格斯列宁领导理论研究》从

---

① 赵云献：《马克思主义党学》，广西人民出版社1987年版，第179页。
② 王沪宁：《政治的逻辑：马克思主义政治学原理》，上海人民出版社1994年版，第375—389页。

领导者、被领导者、领导过程等方面呈现了马克思恩格斯党的领导思想的基本框架。① 周琳主编的《马克思主义领导思想史纲》将马克思恩格斯党的领导思想的演进归纳为基本原则确立、革命斗争中初步实践与迎接未来革命高潮三个阶段。② 总体而言，政党学视角侧重概念阐释，领导学视角侧重知识归纳。

从主题和内容来看，相关研究主要包含阶级立场、方法策略、当代价值三个维度。阶级立场回答马克思恩格斯党的领导思想是什么和为什么。张荣臣在《马克思恩格斯政党理论研究》一书中认为，无产阶级政党领导内在决定于党是无产阶级的教育者、组织者、领导者和造就干部的基地。③ 方法策略回答的是马克思恩格斯党的领导思想如何实现。刘先江、韩景云所著《马克思的政党观》一书梳理了马克思恩格斯政党学说所包含的政治领导、思想领导、组织领导、斗争策略、权威民主等实践形态。④ 近年来，有学者认识到应促进上述两类研究结合的问题，王韶兴、刘宁宁、檀培培等认为，马克思恩格斯无产阶级政党领导思想是一个完整的认知体系和实践机制，由理论基础、价值支撑、方法引导等部分构成。⑤ 伴随新时代党的全面领导等新思想的阐发，相关理

---

① 王修智：《马克思恩格斯列宁领导理论研究》，人民出版社2008年版，第35—38页。
② 周琳：《马克思主义领导思想史纲》，求实出版社1990年版，第1—63页。
③ 张荣臣：《马克思恩格斯政党理论研究》，中央编译出版社2001年版，第122—179页。
④ 刘先江、韩景云：《马克思的政党观》，解放军出版社2014年版，第1—4页。
⑤ 参见王韶兴：《社会主义国家政党政治百年探索》，载《中国社会科学》2017年第7期，第4—28页；刘宁宁：《马克思恩格斯无产阶级政党理论及其当代意义》，载《马克思主义研究》2010年第11期，第38—46页；檀培培：《马克思恩格斯无产阶级政党领导思想的科学内涵》，载《当代世界社会主义问题》2019年第2期，第121—127页。

论溯源与创新成为新的学术增长点。张世飞、张晓燕等认为，马克思主义党的领导理论中国化研究包括概论、史纲、文献、重大理论和实践问题等。① 田园等认为，中国共产党全面领导思想是继承马克思主义经典作家关于党的领导相关论述，结合中国实际和时代特征进行的理论创造。② 陈学明等认为，马克思恩格斯关于群众、阶级、政党、权威、领袖相互关系的论述昭示了要使中国强起来，就必须维护以习近平同志为核心的党中央的权威。③

与国内学者相比，海外学者更加倾向于从马克思恩格斯阶级斗争与社会革命理论出发，探究无产阶级政党原则的确立和发展，部分研究关注到政党领导权的重要性。20世纪上半叶，苏联学者最早从实践史视角研究马克思恩格斯的政党学说。如加尔金所著《马克思恩格斯为无产阶级政党而斗争的历史》、康捷尔所著《马克思恩格斯是共产主义者同盟的组织者，创建无产阶级革命政党的斗争史》被翻译到中国，对思想界和学术界产生了一定影响。④ 国外学者对马克思恩格斯政党学说的研究主要聚焦于三方面主题：第一，无产阶级政党在马克思恩格斯思想体系中的地位。英国学者蒙蒂·约翰斯通、约翰·库利夫、尼尔·哈丁的研究发现，无产阶级政党概念在马克思恩格斯政治思想和活动中占

---

① 张世飞：《论马克思主义党的领导理论中国化研究的科学体系》，载《南京师大学报》2020年第3期，第108—115页；张晓燕：《党的领导理论的党章依据和基本内涵》，载《理论学刊》2018年第3期，第24—33页。

② 田园：《共产党的全面领导理论对21世纪马克思主义的贡献》，载《探索》2020年第2期，第15—24页。

③ 陈学明、陈鹏：《"强起来"需要中国共产党的领导——基于马克思主义政党理论的分析》，载《马克思主义理论学科研究》2018年第4期，第148—159页。

④ 参见〔苏〕加尔金：《马克思恩格斯为无产阶级政党而斗争的历史》，张石柱等译，生活·读书·新知三联书店1957年版；〔苏〕康捷尔：《马克思恩格斯是共产主义者同盟的组织者，创建无产阶级革命政党的斗争史》，李襄译，生活·读书·新知三联书店1957年版。

有中心地位。马克思高度重视规范研究,并不意味着他忽视了对政党问题的实证考察。马克思对无产阶级政党问题思考成熟的标志是《共产党宣言》的发表。① 第二,马克思主义政党的应然作用。英国学者拉尔夫·密利本德、德国学者冯·贝梅指出,马克思认为政党是阶级的政治代表和活动工具,是能够将工人团结起来的组织形式。② 法国学者米歇尔·罗伊认为,马克思恩格斯的革命政党是为解放而斗争的被统治阶级的先锋队。政党引导工人阶级走向自我解放,而非代替或超越工人阶级。③ 第三,无产阶级政党的实然功能。南斯拉夫学者 G. 斯塔尼契提出,无产阶级政党如果不能克服布朗基主义和无政府主义,就会有蜕化为官僚统治工具和人民绊脚石的危险。④ 克罗地亚学者勃朗科·霍尔瓦特认为,社会主义运动中党决定着集体意志、掌握了历史规律,但党内必须存在批评与监督。⑤

通过以上梳理可知,目前国内外学术界围绕马克思恩格斯党的领导思想积累了一定的研究成果,但仍然存在两方面的改进空间:一是现有

----

① Monty Johnstone, "Marx and Engels and the Concept of the Party", *Socialist Register*, Vol.4, 1967; John Cunliffe, "Marx, Engels and the Party", *History of Political Thought*, Vol.2, No.2, 1981, pp.349-367.

② 参见〔英〕拉尔夫·密利本德:《马克思主义与政治学》,黄子都译,商务印书馆1984年版;Klaus von Beyme, "Karl Marx and Party Theory", *Government and Opposition*, Vol.20, No.1, 1985, pp.70-87; Neil Harding, "Marx, Engels and the Manifesto: Working Class, Party, and Proletariat", *Journal of Political Ideologies*, Vol. 3, No. 1, 1998, pp.13-44.

③ 〔法〕米歇尔·罗伊:《马克思主义的政党理论》,赵超译,载《国外理论动态》2010年第8期,第29—35页。

④ 〔南〕D. 斯塔尼奇:《评〈马克思和恩格斯政党理论的发展〉》,文兵译,载《国外社会科学》1985年第8期,第66—67页。

⑤ 〔克罗地亚〕勃朗科·霍尔瓦特:《社会主义政治经济学:一种马克思主义的社会理论》,吴宇晖等译,吉林人民出版社2001年版,第396—397页。

研究偏重通过对马克思恩格斯关于无产阶级政党的直接论述阐明其基本观点,而从实现共产主义和人类解放的高度,系统深入阐述马克思恩格斯党的领导思想的理论基础、价值立场、逻辑结构的整体性研究相对缺乏。二是现有研究偏重经典文献分析,对马克思恩格斯党的领导思想的时代价值,尤其是与新时代中国共产党理论与实践关联的研究尚属起步阶段。鉴于此,本章尝试从理论内涵与时代启示入手,重访马克思恩格斯党的领导思想的"整体性"与"时代性"。

二、马克思恩格斯党的领导思想的逻辑体系

马克思恩格斯党的领导思想有其自身的内在逻辑,有支撑其理论叙事与论证的结构框架及结构元素,可称之为"叙事结构"。马克思恩格斯以历史唯物主义这一新的世界观作为指导思想,从人类解放的崇高使命、共产党的先进性、多向度的领导方式三个方面,深刻阐明了共产党领导的根本目的、根本保证与根本方法,构成了理论上和逻辑上具有严密性、完整性与一贯性的内容体系。

1. 无产阶级政党为实现人类解放的根本社会变革而产生

马克思主义政党领导的根本目的,是由其肩负的历史使命决定的。马克思恩格斯认为,无产阶级运动的使命是解放全人类,使每个人都得到自由全面发展。以往所有社会的缺陷都在于在那些社会中人类整体的发展往往是以牺牲个人的发展为代价的。未来共产主义社会是自由人的联合体,"每个人的自由发展是一切人的自由发展的条件"①。在彻底摆脱阶级、政权、压迫和剥削的桎梏后,作为独立主体的个人获得全面发

---

① 《马克思恩格斯选集》(第 1 卷),人民出版社 1995 年版,第 294 页。

展其才能的手段。马克思恩格斯指出,无产阶级运动的本质是"为绝大多数人谋利益的独立的运动"①。资本主义社会的经济运动造成了资本主义必然灭亡、社会主义必然胜利的物质基础,又造就了无产阶级这一实现社会变革的伟大社会力量。与其余阶级随着大工业发展而日趋没落和灭亡不同,无产阶级却是大工业本身的产物。无产阶级同其他劳动群众的根本利益完全一致,劳动群众各阶级的解放是无产阶级解放的条件。

马克思恩格斯指出,工人阶级随着人数的增加,必须组织起来。《共产党宣言》写道,无产者组织成为阶级进而组织成为政党这件事,虽然屡遭工人自相竞争的破坏,然而,"这种组织重新产生,并且一次比一次更强大,更坚固,更有力"②。经过1848年欧洲革命的洗礼,马克思恩格斯注意到,"只有当群众组织起来并为知识所指导时,人数众多才能起决定胜负的作用"③。1864年国际工人协会成立后,马克思再次强调:"即使在最有利的政治条件下,工人阶级要取得任何重大的胜利,都有赖于培养和集中工人阶级力量的那个组织的成熟程度。"④ 恩格斯后来总结道,"固然,国际本身只存在了9年,但它所创立的全世界无产者永久的联合依然存在,并且比任何时候更加强固。"⑤

马克思恩格斯在革命实践中认识到,无产阶级只有组成独立革命政党,才能作为一个阶级来行动。早在共产主义者同盟时期,他们就提出工人阶级"一时一刻也不能因为听信民主派小资产者的花言巧语而动

---

① 《马克思恩格斯选集》(第1卷),人民出版社1995年版,第283页。
② 《马克思恩格斯选集》(第1卷),人民出版社1995年版,第281页。
③ 《马克思恩格斯选集》(第2卷),人民出版社1995年版,第606—607页。
④ 《马克思恩格斯全集》(第16卷),人民出版社1964年版,第365页。
⑤ 《马克思恩格斯选集》(第1卷),人民出版社1995年版,第265页。

摇对无产阶级政党的独立组织的信念"①。欧洲1848年革命失败后他们指出，工人，首先是共产主义者同盟，应该努力设法建立一个秘密的和公开的独立工人政党组织，同那些正式的民主派相抗衡，并且应该使自己的每一个支部都变成工人协会的中心和核心。这些思想后来凝炼成马克思在《国际工人协会共同章程》中的名言："工人阶级在反对有产阶级联合权力的斗争中，只有组织成与有产阶级建立的一切旧政党对立的独立政党，才能作为一个阶级来行动。"② 19世纪后期，马克思恩格斯在探索建立各国独立的无产阶级政党的过程中，始终坚持了这一原则。

2. 先锋队性质是无产阶级政党领导社会革命的根本保证

马克思主义政党领导的根本保证，源自马克思主义政党本身的先进性。马克思恩格斯认为，共产党作为独立的无产阶级政党，与其他政党的根本区别就在于其先进性。先进性首先表现为，共产党是社会主义运动中最坚决的、始终起推动作用的部分。《共产主义者同盟章程》指出，同盟始终是整个运动的利益代表者。他们正确处理党的近期目标和长远目标的关系，特别强调要开展反对机会主义的斗争。《共产党宣言》也阐明，共产党人"没有任何同整个无产阶级的利益不同的利益"③。共产党人的最近目的和其他无产阶级政党一致。共产党人同其他无产阶级政党的不同之处在于，他们强调和坚持的是整个无产阶级共同的不分民族的利益，并且始终代表整个运动的利益。1894年恩格斯在《致菲·屠拉梯》中赞扬社会主义者"永远不忽视伟大目的的策略，能够防止社会主义者产生失望情绪"④，而这种情绪却是目光短浅的其

---

① 《马克思恩格斯选集》（第1卷），人民出版社1995年版，第375页。
② 《马克思恩格斯选集》（第2卷），人民出版社1995年版，第611页。
③ 《马克思恩格斯选集》（第1卷），人民出版社2012年版，第413页。
④ 《马克思恩格斯书信选集》，人民出版社1983年版，第521页。

他政党无法避免的。

在马克思恩格斯看来，共产党的先进性还体现为，共产党员是最坚定的共产主义者和最勇敢的兵士。马克思恩格斯就共产党员素质提出了许多精辟论断。首先，共产党员总是冲锋在前，时刻经受革命考验。恩格斯针对共产主义者同盟成员参加欧洲革命的实际情况指出："无论哪个党派也无法对无产阶级的党的任何成员提出丝毫的责难。最坚定的共产主义者也是最勇敢的兵士。"① 同盟的"成员到处都积极参加了运动，不论在报刊上、街垒中还是在战场上，都站在唯一坚决革命的阶级即无产阶级的最前列"②。国际工人协会后期，马克思恩格斯在同分裂主义者进行坚决斗争时，更加重视工人阶级政党组织的先进性和战斗力，并告诫道："我们的协会是无产阶级的战斗组织，而决不是为了推选一些清谈家而建立的团体。目前，毁坏我们的组织就等于放下武器。"③

其次，共产党员要从当兵做起，具备耿耿忠心和坚强性格。马克思起草的《国际工人协会共同章程》指出，每一个承认并拥护国际工人协会原则的人，均可以成为国际工人协会的会员。每一个支部应对接收的会员的品质纯洁负责。恩格斯申明："在我们党内，每个人都应该从当兵做起；要在党内担任负责的职务，仅仅有写作才能和理论知识，即使二者确实具备，都是不够的，要担任负责的职务还需要熟悉党的斗争条件，习惯这种斗争的方式，具备久经考验的耿耿忠心和坚强性格，最后还必须自愿地把自己列入战士的行列。"④ 共产党的领导者应该是负责任的社会"公仆"和"勤务员"，他们必须具备良好的政治品格、丰富的理论知识和实践经验以及高尚的道德情操。

---

① 《马克思恩格斯全集》（第7卷），人民出版社1959年版，第219页。
② 《马克思恩格斯选集》（第1卷），人民出版社1995年版，第364页。
③ 《马克思恩格斯全集》（第33卷），人民出版社1973年版，第436页。
④ 《马克思恩格斯选集》（第4卷），人民出版社1995年版，第399页。

3. 无产阶级政党必须坚持不懈加强政治、思想和组织领导

马克思主义政党领导的根本方法，由一系列具体的领导方式与策略构成。马克思恩格斯认为，未来的"共产主义是私有财产即人的自我异化的积极的扬弃……它是人和自然之间、人和人之间的矛盾的真正解决"①。显然，解决上述矛盾是一个极其复杂艰难的任务。马克思恩格斯依据科学社会主义基本原理，总结无产阶级斗争经验，具体论述了共产党领导的实践途径与条件保障。共产党的领导方式主要有思想领导、政治领导和组织领导。思想领导是第一位的，马克思恩格斯创立了科学的世界观，在建立和建设无产阶级政党的过程中强调要用科学理论武装无产阶级头脑，指导无产阶级的解放运动。政治领导主要体现为无产阶级政党政治纲领的制定和执行。马克思恩格斯认为，党的纲领"是一面公开树立起来的旗帜"②，反映运动的现在，代表运动的未来。共产党必须有自己的政治纲领，并根据实际情况确定实现纲领的具体道路，正确成熟的纲领是一个政党成熟的标志。党的组织是无产阶级解放运动的重要保证。组织领导就是要以严密的组织系统保障充分发挥各级党组织的领导作用，以保证党的纲领、路线的有效执行。党的组织靠团结统一和严格纪律保证领导活动的实施。

马克思恩格斯认为，实现共产党的领导还应遵循以下原则。首先，一切从现实的真实关系出发并对未来的进程和结果进行科学预测，是马克思主义政党进行重大决策时所必须坚持的基本原则。只有坚持一切从实际出发，才能掌握运动的条件和进程，制定正确的策略。如在特定的时间和空间，共产党可以暂时利用其他政党来达到自己的目的，支持其

---

① 《马克思恩格斯全集》（第42卷），人民出版社1979年版，第120页。
② 《马克思恩格斯选集》（第3卷），人民出版社1995年版，第325—326页。

他政党去实现或是直接有利于无产阶级的,或是朝着经济发展或政治自由方向前进一步的措施。其次,马克思主义政党要正确处理领导权威与民主自治的关系,积极发挥领导者权力影响力与非权力影响力的作用;同时,经常注意反对无政府主义和专制主义这两种错误思潮。第三,团结一切可以团结的力量,是马克思主义政党领导者组织强大革命力量所必须遵循的基本原则。在此过程中,应当重视正常的批评和监督对于建立党内真正和谐的重要性。诚如恩格斯所言:"批评是工人运动生命的要素,工人运动本身怎么能逃避批评、禁止争论呢?"①

综上所述,人类解放的崇高使命、共产党的先进性、多向度的领导方式构成马克思恩格斯党的领导思想理论逻辑的核心元素,三者环环相扣。离开伟大使命的指引,党的领导行为就会失去科学的目标与方向,失去其崇高意义和价值;无视共产党的先进性这一根本保证,对实现人类解放的追寻则会蜕变为乌托邦式的幻想;不承认多向度的领导方式是党的领导的必要条件,就会坠入历史唯心主义的泥潭,忽视领导活动的阶段性和层次性。因此,将马克思恩格斯党的领导思想理论逻辑中的任一元素割裂出去,都必然导致对它的曲解。

三、中国共产党对"两个伟大革命"的百年探索

革命性是中国共产党的精神之根、信仰之魂。推动伟大社会革命,勇于进行自我革命,是贯穿党的百年奋斗史的主题和主线。中国共产党要实现远大理想和崇高使命,必须推动中国社会发生一次又一次根本性变革。中国共产党只有以革命的自信和自觉抓好自身建设,才能锻造一个始终先进纯洁、坚强有力的党,从而正确领导社会革命。社会革命是

---

① 《马克思恩格斯选集》(第4卷),人民出版社1995年版,第687—688页。

自我革命的价值目标，自我革命是社会革命的根本保证，两者有机统一。在百年奋斗的光辉历程中，中国共产党形成了社会革命与自我革命常为常新、相互促进的优良传统和有效机制。

1. 雄关漫道：伟大工程汇聚革命洪流

毛泽东在 1939 年 10 月为《共产党人》刊物撰写的发刊词中，将党的建设称为"伟大的工程"[①]，指出党的建设应紧密围绕党的政治路线来进行，遵循马克思主义基本原理和中国革命实际相结合的原则。在谋求民族独立和人民解放的社会革命中，中国共产党领导人民集中力量推翻压迫广大民众的半殖民地半封建性质的政治统治及其社会基础。这一时期，党的自我革命突出表现为克服党内各种形式的主观主义，使党始终正确领导工农运动、武装斗争和统一战线等，坚持党对民主革命的领导权。

成立伊始，中国共产党遵循马克思列宁主义建党原则，以鲜明的战斗性和高度的原则性，建成初具规模的组织体系，培养了一批优秀干部，发展了一大批优秀党员。国共合作扩大了革命的组织基础与社会基础，民众的觉醒在革命政党引领下汇成浩浩荡荡的大革命洪流。在革命进入低潮后，党为实现向土地革命战争的转变，以毛泽东在古田会议确立的思想建党原则为标志，有效解决了农村革命根据地环境中发展农民党员，并保持党的工人阶级先锋队性质的问题，成功实现党的工作重心由城市向乡村的转变。

遵义会议后，中国共产党在独立领导国内革命战争与抗日战争的进程中走向成熟。党在不断总结正反两方面经验的基础上，提出了马克思主义中国化这一关乎中国革命前途命运的根本理论命题。并在此指导

---

① 《毛泽东选集》（第 2 卷），人民出版社 1991 年版，602 页。

下，集中全党智慧，探索了中国革命的一系列基本问题。经过延安整风与党的七大，中国共产党掌握了正确领导中国革命的话语权，全党团结在毛泽东思想的旗帜之下。这一时期，党领导的武装斗争取得节节胜利，党的组织规模不断壮大、执政区域不断扩展。自我革命的勇气与毅力将中国共产党锻造成为一个高度集中统一的，有铁的纪律，有严密组织系统和与人民群众保持血肉联系的马克思主义政党。在此基础上，党团结带领全国人民，实现了改天换地的历史巨变。

2. 日月新天：赶考之姿投身艰辛探索

1949年3月23日，中共中央从西柏坡转赴北平，毛泽东称此行为"进京赶考"[①]。他认为共产党人进北平，继而建设社会主义和共产主义是革命的继续。新中国成立后，中国共产党领导人民在一穷二白的条件下，为建设一个社会主义国家而奋斗，开启从农业国迈向工业国的现代化征程。与此相适应，党进行自我革命的主题是在执掌全国政权条件下探索党的自身建设的目标与方法。

成立之初的共和国，面临着巩固政权、建构认同、复苏经济、改造社会等重大任务，这些都对执政的中国共产党提出全新要求。这一时期，党的自身建设一方面延续传统做法，如通过整党整风反对官僚腐败现象，开展维护党的团结的斗争；另一方面，针对国家大规模建设的需要，改革干部管理体制。尽管党在自身建设方面存在一些不足，如时常混淆两类不同性质的矛盾，未能行之有效的贯彻党的八大强调的民主集中制原则，习惯于用搞运动的方式处理党风廉政方面的问题等。但从总体上看，新中国成立后的七年中，党对协调推进治党与治国的探索卓有成效，社会主义建设条件下党的自我革命有了一个良好开端。

[①]《西柏坡——新中国从这里走来》，人民出版社2005年版，第128页。

从 1956 年底社会主义改造完成至党的十一大前后，党的事业在艰辛探索中曲折发展。1957 年反右派斗争后，党对社会主要矛盾和国家主要任务的判断逐步偏离正确轨道，指导思想上的错误导致党的自我革命陷入误区。尽管如此，党的建设在此期间不乏有益探索，如 1962 年七千人大会倡导实事求是、调查研究之风；20 世纪 60 年代提出建立干部交流制度等。

3. 风正潮平：改革创新引领繁荣开放

1983 年 10 月党的十二届二中全会上，邓小平提出新时期党的建设目标：坚持马克思主义政党的本质属性，努力成为社会主义建设的坚强领导核心。① 党的十一届三中全会后，全党工作中心转到经济建设上来，通过革除体制机制弊端与大胆对外开放，开启改革开放与社会主义现代化建设新的伟大社会革命。在党内，马克思主义的思想路线、政治路线和组织路线经由拨乱反正与真理标准大讨论得以重新确立。改革创新和制度引领推动党的自我革命重新出发。

党的十二大提出探索中国特色社会主义道路的命题。围绕党的中心工作，党内进行了一系列制度建设，如设立顾问委员会，作为废除干部职务终身制的过渡措施；按照"四化"方针加强干部队伍建设，调整各级领导班子等。党的十三大提出党在社会主义初级阶段基本路线，党的建设更为强调改革，更加依靠制度建设，党要管党、从严治党有了新的实现方式。党的十四大提出建立社会主义市场经济体制。在市场经济环境中如何提高领导和执政水平，如何拒腐防变？严峻考验要求党的自我革命需迎难而上、开创新局。

世纪之交，中国共产党不断巩固党的阶级基础与扩大党的群众基

---

① 《邓小平文选》（第 3 卷），人民出版社 1993 年版，第 39 页。

础,在各类基层组织中加强自身凝聚力和战斗力。反腐败斗争遏制了新形势下腐败现象的滋生蔓延,"三讲"教育聚焦党性党风顽疾对症下药。"三个代表"重要思想丰富了中国共产党立党之本、执政之基、力量之源的时代内涵。科学发展观的创立,吹响全面推进党的建设新的伟大工程的时代号角。党的自我革命牢牢把握执政能力建设和先进性建设两大主题。思想上强调与时俱进,推动理论创新;组织上实行干部人事制度改革,扩大选人用人中的民主;反腐倡廉建设中强调建立惩治和预防腐败体系。党的建设蹄疾步稳,推动党的事业开新局、谋新篇。

4. 长风破浪:打铁过硬圆梦复兴伟业

"打铁还需自身硬",这是习近平总书记在上任伊始作出的郑重宣言。平实质朴的语言中道出了中国共产党铸就伟业、永立潮头的成功密码。之所以反复强调党"自身要硬",是因为我国的发展正处于新的历史方位。迎接内外挑战,除去党内痼疾,解决社会主义事业面临的突出问题,消解民族复兴的障碍。都需要党以自我革命的气魄与行动,破除初心使命、理想信念、能力水平、先进纯洁等方面阻碍社会革命推进的因素。

党的十八大以来,中国共产党以全面从严治党开启自我革命新征程,党中央从严抓思想、抓管党、抓执纪、抓治吏、抓作风、抓反腐,推动管党治党从"宽松软"转变为"严紧硬"。党的十九大提出,"党政军民学,东西南北中,党是领导一切的"[①]。新时代党的建设,坚持党的领导地位是核心,初心使命是根本动力,理想信念是精神支柱,全面从严治党是永远主题;以政治建设为统领、制度建设贯穿六大领域建设是基本途径;干部队伍和基层组织建设、密切党同人民群众的联系是

[①] 《习近平谈治国理政》(第三卷),外文出版社2020年版,第16页。

重要着力点。

新时代党的自我革命赋予党的事业以坚实保证与不竭动力。全面从严治党从根本上扭转了党风政风与社会风气,使全党全民族的精神为之振奋。党的全面领导实现了党对国家生活的覆盖横向到底、纵向到边。党的领导制度体系成为国家治理体系的关键环节。党的建设深度与广度不断拓展,导向更趋鲜明。上述举措推动了"五位一体"总体布局和"四个全面"战略布局取得革命性突破,党和国家事业取得历史性成就。

回望百年,一部中国共产党的创业奋斗史,就是党团结人民不断推动中国社会发生深刻变革,同时勇于坚持真理、修正错误,永葆自身生机活力的历史。革命之志流淌于党的血脉之中、隽永绵长,革命豪情鼓舞共产党人矢志不渝、奋勇向前。面向未来,中国共产党人推进"两个伟大革命"的征程永远在路上。

四、"以伟大自我革命引领伟大社会革命":对马克思恩格斯党的领导思想的创新发展

党的十九届六中全会提出:"以伟大自我革命引领伟大社会革命","是党对中国特色社会主义建设规律认识深化和理论创新的重大成果"。① 马克思主义强调普遍性与特殊性的统一、坚持与发展的统一。作为马克思主义政党,中国共产党始终把马克思恩格斯关于党的领导的基本原则熔铸于领导中国革命、建设和改革的壮阔实践中。进入新时代,以习近平同志为核心的党中央以"四个伟大"的完整理论论述为统领,把握伟大社会革命与党的自我革命的辩证关系,从历史使命、本

---

① 《中共中央关于党的百年奋斗重大成就和历史经验的决议》,载《人民日报》,2021年11月17日。

质属性、路径选择三个方面继承和发展了马克思恩格斯党的领导思想，不断推进党的领导理论与实践探索。

1. 人类解放伟大使命在新时代中国的阶段性推进

马克思曾经说过："主要的困难不是答案，而是问题。"① "问题就是时代的口号，是它表现自己精神状态的最实际的呼声。"② 新起点、新矛盾、新任务，催生中国共产党人对新时代责任与使命的科学谋划。党的十九大形成了以建设伟大工程统领进行伟大斗争、推进伟大事业、实现伟大梦想的完整论述。将"四个伟大"作为一个完整体系是党的重大理论创新，实现了伟大社会革命与党的自我革命在价值与实践维度上的有机统一，明确了我们党在新时代治国理政的总方略、全局工作的总框架、谋划事业的总坐标、推进工作的总抓手。

统揽"四个伟大"是中国共产党在总结历史经验的基础上，对新时代使命任务的理论集成。伟大斗争是奋斗姿态。中国共产党践行初心使命，必然面临复杂多变的国际国内环境，面临各种可以预见与难以预见的困难风险。伟大斗争首次见诸党的文件是在党的十八大报告中，昭示了新时代就是从进行具有许多新的历史特点的伟大斗争开始的。伟大工程是政治保证。新民主主义革命时期，毛泽东同志把党的建设称为伟大的工程。改革开放后，党中央提出"党的建设新的伟大工程"的命题。党的十九大报告对以往表述进行提炼，形成伟大工程的概念，鲜明体现了办好中国的事情，关键在中国共产党，关键在把这个党建设好。伟大事业是前进方向。从1956年社会主义基本制度建立后，我们进行的事业就是社会主义事业。党的十一届三中全会后，中国特色社会主义

---

① 《马克思恩格斯全集》（第1卷），人民出版社1995年版，第203页。
② 《马克思恩格斯全集》（第40卷），人民出版社1982年版，第289页。

道路、理论、制度和文化逐渐形成，党的十九大用伟大事业进行了高度凝练。中国特色社会主义是改革开放以来党的全部理论和实践主题，是党和人民历尽千辛万苦取得的根本成就。伟大梦想是奋斗目标。实现中华民族伟大复兴的表述从党的十三大沿用到党的十八大。习近平总书记在此基础上用"中国梦"进行了新的高度提炼，丰富了其思想内涵。党的十九大作出了伟大梦想的概括，"中国梦"成为中国共产党人远大理想中一个现阶段的共同理想。

2. 无产阶级政党自身建设在新时代中国的关键性突破

作为中国特色社会主义发展新阶段的行动纲领和基本遵循，"四个伟大"是一个科学的、环环相扣的有机整体。经过伟大斗争，才能去除党内痼疾，解决社会主义事业面临的突出问题，消解民族复兴的障碍。建设伟大工程，才能提高党的领导能力和执政能力，驾驭复杂局面；才能拓展中国特色社会主义的前景，团结带领中国人民朝着民族复兴的目标迈进。推进伟大事业，宣示了中国共产党人举什么旗、走什么路，为进行伟大斗争、建设伟大工程、实现伟大梦想指明了方向。实现伟大复兴是近代以来中华民族最伟大的梦想，进行伟大斗争、建设伟大工程、推进伟大事业，都要落脚到实现伟大梦想上。

马克思指出：要在批判旧世界中建立新世界，"哲学家们只是以不同的方式解释世界，问题在于改变世界。"① 革命性是中国共产党的本质属性。一部党的百年奋斗史，就是党不断推动伟大社会革命和勇于进行自我革命的历史。社会革命是自我革命的价值目标，自我革命是社会革命的根本保证，两者有机统一。习近平总书记指出："要把新时代坚持和发展中国特色社会主义这场伟大社会革命进行好，党必须勇于进行

---

① 《马克思恩格斯选集》（第1卷），人民出版社1995年版，第61、86页。

自我革命，把党建设得更加坚强有力。"① 为此，他提出"打铁还需自身硬"的口号。这是因为，我国的发展已进入新的历史方位，推进全面深化改革，完善和发展中国特色社会主义制度，推进国家治理体系和治理能力现代化，需要中国共产党在理想信念、精神状态、能力水平、先进纯洁等方面，消除不适应推进社会革命的因素，以自我革命引领社会革命。

党的十八大以来，以习近平同志为核心的党中央以坚定决心、顽强意志、空前力度坚持全面从严治党。推动管党治党从"宽松软"转变为"严紧硬"。用铁的纪律管党治党，不断扎牢制度笼子，净化党内政治生态。全面从严治党呈现出抓思想从严，抓管党从严，抓执纪从严，抓治吏从严，抓作风从严，抓反腐从严的整体态势。党的十九大将"勇于自我革命，从严管党治党"② 写入新时代党的建设总要求，充分体现了党的革命自觉、革命自信与革命自强。在新时代党的自我革命与社会革命的关系中，党的领导地位是核心，初心和使命是根本动力，理想信念是精神支柱，全面从严治党是永远的主题，以政治建设为统领、以制度建设贯彻其中的政治、思想、组织、作风、纪律、制度六大建设和监督机制是根本保证，干部队伍建设、基层组织建设、党同人民群众的血肉联系是着力点。

党的十八大以来伟大自我革命的生动实践，推动党和国家事业发生历史性变革、取得历史性成就。全面从严治党从根本上扭转了党风政风和社会风气，振奋了全党全民族的精气神。推动"五位一体"总体布局和"四个全面"战略布局取得革命性突破。解决了许多长期想解决

---

① 习近平：《在全国组织工作会议上的讲话》，人民出版社 2018 年版，第 8 页。

② 《中国共产党第十九次全国代表大会文件汇编》，人民出版社 2017 年版，第 21 页。

而没有解决的难题，办成了许多过去想办而没有办成的大事。党的面貌、国家的面貌、人民的面貌、中华民族的面貌为之一新。实践证明，中国共产党要始终成为时代先锋、民族脊梁，就要敢于进行自我革命，敢于刀刃向内，敢于刮骨疗伤，敢于壮士断腕。

3. 无产阶级政党领导方式在新时代中国的创造性转化

恩格斯曾说过，对于《共产党宣言》所发挥的一般基本原理的实际运用，"随时随地都要以当时的历史条件为转移"①。这是各国共产党在领导本国的社会主义运动时必须遵守的根本原则。中国共产党在国家生活中的领导地位是在新民主主义革命时期逐步确立的。新中国成立后，党的领导地位在社会主义建设和改革开放的进程中得到广大人民的拥护。根据长期执政和社会发展的新要求，宪法和法律把党对国家的领导地位巩固起来，党也逐渐形成一套领导国家的制度体系。党的十八大以来，党的领导制度更趋完善。党的十九大提出坚持"党对一切工作的领导"②。党的十九届四中全会通过的《决定》明确提出，坚持和完善党的领导制度体系。③ 这一战略部署为牢牢坚持党总揽全局、协调各方的领导核心作用提供坚强制度保障。

将党的领导制度体系纳入国家制度和国家治理体系，有利于确保党的领导地位，也有利于发挥党在政治、思想和组织方面的领导功能。党的十九届四中全会围绕党的初心使命、集中统一、结构功能、群众基础、执政能力及自身建设等问题，作出六个方面具体制度安排，党的领

---

① 《马克思恩格斯选集》（第1卷），人民出版社1995年版，第258页。
② 《中国共产党第十九次全国代表大会文件汇编》，人民出版社2017年版，第16页。
③ 《中国共产党第十九届四中全会文件汇编》，人民出版社2019年版，第2页。

导是贯穿其中的主题和主线。这六个方面构成党的领导制度体系的基本内容，也是国家制度和国家治理体系的重要内容。其中关于"健全党的全面领导制度"部分，提出了将党的领导嵌入到国家生各领域、各方面，贯彻到所有国家机构履职全过程的基本要求。确保了党的领导在国家治理体系和治理结构中定位清晰、职责明确、落实有力。

党的全面领导包含全元、全域、全时的丰富内涵。首先，党的全面领导是全元领导，党的领导制度在党和国家各机构中全覆盖。党的十九届四中全会要求完善党领导人大、政府、政协、监察机关、审判机关、检察机关、武装力量、人民团体、企事业单位、基层群众自治组织、社会组织等制度，明晰了党的领导覆盖的组织类型。通过健全各级党委（党组）工作制度，确保党在各类组织中发挥领导作用。其次，党的全面领导是全域领导，党的领导制度落实到统筹推进"五位一体"总体布局、协调推进"四个全面"战略布局的各方面。事业比较宏观，事务较为具体。党的全面领导不是包揽各种具体事务，而是对各项事业进行总体谋划和布局，把方向、定原则，使党的意志落到实处。第三，党的全面领导是全时领导，党的领导贯彻到党和国家所有机构履行职责全过程。凡涉及党和国家工作全局的重大方针政策、重大原则和问题、党中央集中统一管理的事项和只能由党中央决策的事项，必须向党中央请示报告，体现党的全面领导的过程性。

综上所述，统揽"四个伟大"完整呈现了新时代中国共产党的行动纲领和基本遵循；"两个伟大革命"论的提出，推动党的事业与党的建设在价值和行动上更好地统一于党的领导；以制度建构完善党的全元、全域、全时领导，丰富了党的领导实现途径，促进党的领导优势转化为国家治理效能。

本章小结

马克思主义是中国共产党人理想信念的灵魂。在纪念马克思诞辰200周年大会上，习近平总书记从九个方面阐述了新时代中国共产党人应该如何学习和实践马克思主义，其中专门提到"马克思主义关于马克思主义政党建设的思想"[①]。马克思主义政党理论基于人类彻底解放和全面发展的价值追求而产生，为社会主义运动提供了最强有力的主体结构和运行机制。党的领导是马克思主义政党理论的核心主题，包含了推动社会根本变革与加强自身建设两大紧密联系的领域。马克思恩格斯的开创性理论贡献，体现在构建了马克思主义政党领导思想的完整叙事结构。其革命性变革在于：以历史唯物主义这种新的世界观作为指导思想；认为马克思主义政党领导行为的本质是"为绝大多数人民谋利益"[②]，从而在根本上同资产阶级政党学说和历史上一切剥削阶级领导思想划清了界限。

尽管马克思恩格斯对于党的领导实践探索具有明显的地域性、初级性和尝试性。但无论在党对本组织的领导、党对国家政权的领导，以及党对社会各阶级的领导方面都进行了奠基性探索。以《共产党宣言》的发表为标志，马克思恩格斯对马克思主义政党如何处理领导者与被领导者（及其同盟者）的关系、领导者的主观指导与客观实际的关系等问题确立了一系列基本原则。马克思恩格斯党的领导思想的核心意涵也成为马克思主义理论中具有长远的、普遍意义的内容。如维护共产党的核心领导地位，坚持领导就是服务的根本立场，坚持党的政治领导的统

---

① 习近平：《在纪念马克思诞辰200周年大会上的讲话》，人民出版社2018年版，第23—24页。

② 《马克思恩格斯选集》（第1卷），人民出版社1995年版，第283页。

领地位，坚持从具体情况出发实施领导，坚持和完善民主集中制，提高战略策略水平，树立正确的领导权威观等，在今天仍然具有重要指导意义。

马克思恩格斯认为，共产党要"在全世界面前树立起可供人们用来衡量党的运动水平的里程碑"①。始终同人民在一起，为人民利益而奋斗，是马克思主义政党同其他政党的根本区别。习近平总书记指出："人民是历史的创造者，是决定党和国家前途命运的根本力量。"② 新时代，中国共产党要统揽"四个伟大"，永葆先进性和纯洁性，始终成为中国特色社会主义事业的领导核心，应当以马克思恩格斯党的领导思想的基本原则与精神实质为指引，强化责任意识与使命意识、着力推进理论创新，凝聚人民的智慧和力量、以宽广眼界谋划未来。

---

① 《马克思恩格斯选集》（第3卷），人民出版社1995年版，第296页。
② 习近平：《决胜全面建成小康社会夺取新时代中国特色社会主义伟大胜利——在中国共产党第十九次全国代表大会上的报告》，人民出版社2017年版，第21页。

第三章 "新型政党制度论"对马克思主义政党理论的发展

新型政党制度是以习近平同志为核心的党中央对中国共产党领导的多党合作和政治协商制度的新定位，这一概念的正式提出及有关论述坚持和发展了马克思主义政党理论。第一，完善了马克思主义政党领导权思想，进一步阐明"党的领导"和"伟大政治创造"的深刻内涵；第二，发展了马克思主义政党民主观，从比较视野论证"基本政治制度"的制度优势、基本原则与发展方向；第三，创新了马克思主义政党领导方法学说，在贯彻党的群众路线与发展社会主义协商民主相统一的实践指向下优化多党合作的具体举措；第四，丰富了马克思主义政党政策和策略原理，增强了执政党与参政党的政治自觉与行动自觉。

马克思主义政党理论是建立在马克思主义政党领导无产阶级和人民群众进行革命和建设，以及党的自身建设实践基础上的理论。马克思主义经典作家对无产阶级政党问题留下了大量著述，奠定了马克思主义政党理论的基础。各社会主义国家的政治实践使这一理论不断充实和扩展。中国共产党十八大以来，以习近平同志为核心的党中央对中国共产党领导的多党合作和政治协商制度（以下简称"多党合作制度"）作出了一系列新论述，其鲜明特征是将多党合作制度定位为"新型政党制度"。本章以基本文献资料为依据，分析和总结习近平新型政党制度论对马克思主义政党理论基本立场和观点的坚持与发展。

一、完善了马克思主义政党领导权思想

政党制度是一种国家政治形式。马克思主义认为，社会主义国家应由无产阶级政党作为执政党。列宁在《论国家》一文中指出："要认清各种各样复杂的政治形式，就必须牢牢把握住社会阶级划分的实质。"[①] 在十月革命胜利后，列宁多次强调："党是无产阶级的直接执政的先锋队，是领导者。"[②] 在社会主义国家的政党实践中，都实行了由共产党一党领导的体制，而不是像资本主义国家那样由不同政党轮流执政。

马克思主义对社会主义国家一党领导的认识，实际上是对马克思主义政党领导权思想的发展。马克思主义认为，保证无产阶级在民主革命中领导权的必要条件是保持无产阶级政党的独立性。这种独立性不仅表现在无产阶级政党和其他阶级的关系上，也表现在无产阶级政党和一般阶级群众的关系上。"工人阶级在反对有产阶级联合权力的斗争中，只有组织成为与有产阶级建立的一切旧政党对立的独立政党，才能作为一个阶级行动。"[③] 社会主义革命的成功不仅意味着无产阶级的解放，也意味着其他被压迫阶级的解放。但这些阶级并不代表社会主义运动的方向，只能作为无产阶级的同盟军和伙伴存在，这些阶级的政党也不应成为国家的领导力量。

[①] 《列宁选集》（第4卷），人民出版社2012年版，第30页。
[②] 《列宁选集》（第4卷），人民出版社2012年版，第423页。
[③] 《马克思恩格斯选集》（第3卷），人民出版社2012年版，第173页。

社会主义国家由无产阶级政党一党执政，并不意味着只允许无产阶级政党一党存在。列宁认为："在民主的这种或那种形式上，在无产阶级专政的这种或那种类型上，在社会生活各方面的社会主义改造的速度上，每个民族都会有自己的特点。"① 在实践中，一些社会主义国家存在着非无产阶级的爱国民主党派和团体，共产党与它们的关系是领导与被领导关系。这些民主党派作为共产党领导下的参政和议政党而存在，有利于调动各方面积极因素，发展社会主义民主。如毛泽东早在1941年就指出："共产党员只有对党外人士实行民主合作的义务，而无排斥别人、垄断一切的权利。"②

中国的多党合作制度源自民主革命时期中国共产党与各民主党派的政治合作。1949年9月中国人民政治协商会议第一届全体会议召开，标志着新中国的建立是中国共产党领导下全社会、全民族共同意志的体现。毛泽东于1956年明确表示不赞成苏联的一党制，提出共产党和民主党派要长期共存，互相监督。1982年中国共产党十二大提出党同民主党派长期共存、互相监督、肝胆相照、荣辱与共的方针。1993年八届人大一次会议将"中国共产党领导的多党合作和政治协商制度将长期存在和发展"写入宪法。70年来，多党合作制度始终坚持社会主义的本质属性，同时具有鲜明的中国特色。

中国共产党十八大以来，对于多党合作制度的社会主义性质，习近平指出，中国共产党的领导是中国特色社会主义最本质的特征，是包括各民主党派、各团体、各民族、各阶层、各界人士在内的全体中国人民的共同选择。"在坚持党的领导这个重大原则问题上，我们脑子要特别清醒、眼睛要特别明亮、立场要特别坚定，绝不能有任何含糊和动

---

① 《列宁全集》（第28卷），人民出版社1990年版，第163页。
② 《毛泽东选集》（第3卷），人民出版社1991年版，第809页。

摇。"① 要坚持发挥党总揽全局、协调各方的领导核心作用，提高党科学执政、民主执政、依法执政水平，保证党领导人民有效治理国家，切实防止出现群龙无首、一盘散沙的现象。

对于具有中国特色的多党合作制度，习近平提出：多党合作制度"是中国共产党、中国人民和各民主党派、无党派人士的伟大政治创造"②。"伟大政治创造"的内涵体现为：首先，每个国家的政治制度都是由这个国家的人民决定的，都是在历史传承、文化传统、经济社会发展的基础上长期发展、渐进改进、内生性演化的结果。多党合作制度植根于中国历史文化，产生于近代以后中国人民革命的伟大斗争，发展于中国特色社会主义光辉实践。实践证明，这个制度是适合我国国情的，已植根于我国土壤。其次，政治制度不可能脱离特定的社会政治条件来抽象评判，不可能千篇一律、归于一尊。我们治国理政的本根，就是中国共产党领导和社会主义制度。推进国家治理体系和治理能力现代化，绝不是西方化、资本主义化。"讲我们党、我们国家的制度优势和特点，中国共产党领导的多党合作和政治协商制度是很重要的一个方面。"③ 第三，建立新中国，建设新中国，开拓改革路，实现中国梦，都需要各党派团体和各界人士齐心努力。"各民主党派是同中国共产党通力合作的中国特色社会主义参政党，无党派人士是我国政治生活中的一支重要力量。"④ 中国共产党同各民主党派和无党派人士团结合作，

---

① 习近平：《论党的宣传思想工作》，中央文献出版社2020年版，第144页。
② 《坚持多党合作发展社会主义民主政治为决胜全面建成小康社会而团结奋斗》，载《人民日报》，2018年3月5日。
③ 《习近平关于社会主义政治建设论述摘编》，中央文献出版社2017年版，第74页。
④ 《习近平关于社会主义政治建设论述摘编》，中央文献出版社2017年版，第53页。

是建立在中国特色社会主义的共同思想政治基础之上的。中国特色社会主义事业越是向前推进，越需要凝聚最广泛的力量。

二、发展了马克思主义政党民主观

马克思主义将民主的基本含义概括为"人民的权力"。《共产党宣言》中写道："工人革命的第一步就是使无产阶级上升为统治阶级，争得民主。"① 列宁认为："民主就是承认少数服从多数的国家。"② 马克思主义不仅指出民主与政治权力是紧密相连的，而且揭示了作为国家形态的民主的阶级实质，认为民主的具体形式会随统治阶级的更换而更换，随社会经济形态的发展而发展。民主的每一次发展，都将使更多人获得政治权利，参与政治生活。

在马克思主义看来，资产阶级民主制"把重心放在冠冕堂皇地宣布各种自由和权利上，而实际上却不让大多数居民即工人和农民稍微充分地享受这些自由和权利"③。毛泽东指出："这种所谓两党制不过是维护资产阶级专政的一种方法，它绝不能保障劳动人民的自由权利。"④ 生产资料的公有制把所有社会成员转化为劳动者，广大劳动者也就自然成为国家生活的管理者，享有平等的政治地位和权利。因此，社会主义民主制"在世界上史无前例地发展和扩大了的正是对绝大多数居民，即对被剥削劳动者的民主"⑤。

建设高度的社会主义民主，是马克思主义政党建设社会主义的基本

---

① 《马克思恩格斯选集》（第1卷），人民出版社2012年版，第421页。
② 《列宁选集》（第3卷），人民出版社2012年版，第184页。
③ 《列宁选集》（第3卷），人民出版社2012年版，第724页。
④ 《毛泽东文集》（第7卷），人民出版社1999年版，第208页。
⑤ 《列宁选集》（第3卷），人民出版社2012年版，第605页。

战略目标。邓小平说:"我们进行社会主义现代化建设,是要在经济上赶上发达的资本主义国家,在政治上创造比资本主义国家的民主更高更切实的民主。"① 民主集中制是马克思主义政党的根本组织原则,也是社会主义国家的基本组织原则,必须按照民主集中制原则不断通过改革来完善社会主义的民主制度。毛泽东指出:"在人民内部民主是对集中而言,自由是对纪律而言。"② 党内民主和人民民主是形成正确的集中和统一的前提与基础。与此同时,如果没有党的纪律和国家法律的约束,就会出现极端自由化,也就不可能有真正的民主。

以什么样的思路来谋划和推进中国社会主义民主政治建设,在国家政治生活中具有管根本、管全局、管长远的作用。1979年邓小平首次使用多党合作概念,他指出,在中国共产党的领导下实行多党派合作是我国政治制度的一个特点和优点。③ 1989年《中共中央关于坚持和完善中国共产党领导的多党合作和政治协商制度的意见》明确指出多党合作制度是中国的基本政治制度。2007年国务院新闻办发布《中国的政党制度》白皮书,首次提出选举民主和协商民主两种民主形式,将选举民主与人民代表大会制度相对应,协商民主与多党合作制度相对应,指出两种民主形式的结合拓展了社会主义民主的深度和广度。

当今世界,意识形态领域看不见硝烟的战争无处不在,政治领域没有枪炮的较量一直未停。从民主与国家制度的关系出发,习近平指出:发展社会主义民主政治就是要体现人民意志、保障人民权益、激发人民创造活力,用制度体系保证人民当家作主。通过依法选举、让人民的代表来参与国家生活和社会生活的管理是十分重要的,通过选举以外的制度和方式让人民参与国家生活和社会生活的管理也是十分重要的。多党

---

① 《邓小平文选》(第2卷),人民出版社1994年版,第322页。
② 《毛泽东文集》(第7卷),人民出版社1999年版,第209页。
③ 《邓小平文选》(第2卷),人民出版社1994年版,第205页。

合作制度作为我国的基本政治制度,"反映了人民当家作主的社会主义民主政治的本质,是我国政治格局稳定的重要制度保证。全党一定要从这样的战略高度来认识问题。"①

在坚持民主集中制的基本原则方面,多党合作制度既强调中国共产党的领导,也强调发扬社会主义民主。政治协商、民主监督、参政议政,就是这种民主最基本的体现。坚持中国共产党的领导,不是不要民主了,而是要形成更广泛、更有效的民主。习近平概括了新型政党制度的特点:一是能够真实、广泛、持久代表和实现最广大人民根本利益、全国各族各界根本利益,有效避免了旧式政党制度代表少数人、少数利益集团的弊端;二是把各个政党和无党派人士紧密团结起来、为着共同目标而奋斗,有效避免了一党缺乏监督或者多党轮流坐庄、恶性竞争的弊端;三是通过制度化、程序化、规范化的安排集中各种意见和建议、推动决策科学化民主化,有效避免了旧式政党制度囿于党派利益、阶级利益、区域和集团利益决策施政导致社会撕裂的弊端。②

在社会主义民主的发展方向上,习近平强调,发展社会主义民主政治,关键是要增加和扩大我们的优势和特点,而不是要削弱和缩小我们的优势和特点。③ 要把坚定制度自信和不断改革创新统一起来,在坚持根本政治制度、基本政治制度的基础上,不断推进制度体系完善和发展。中共十九届四中全会将"加强中国特色社会主义政党制度建设,展现我国新型政党制度优势"作为坚持和完善人民当家作主制度体系

---

① 《习近平关于社会主义政治建设论述摘编》,中央文献出版社2017年版,第75页。

② 《坚持多党合作发展社会主义民主政治为决胜全面建成小康社会而团结奋斗》,载《人民日报》,2018年3月5日。

③ 《十八大以来重要文献选编》(中),中央文献出版社2016年版,第63页。

的重要组成部分。① 当前,完善多党合作制度,着力点在发挥好民主党派和无党派人士的积极作用。

三、创新了马克思主义政党领导方法学说

群众路线是马克思主义政党关于领导方法的最基本原理。马克思和恩格斯认为:"历史活动是群众的事业。"② 马克思主义政党应以群众的最大利益为一切工作的出发点和最终归宿。"只有相信人民的人,只有投入人民生气勃勃的创造力泉源中去的人,才能获得胜利并保持政权。"③ 马克思主义政党要领导人民群众胜利前进,最基本的是要保证党和国家的政策符合人民的利益。列宁认为:"人民群众看问题时不是凭理论而是凭实际,我们的错误在于总是从理论上来看问题。"④ 只有从千百万群众着眼,才可能使所制定的政策建立在事实的基础上;也只有以事实为基础的政策,才可能是真正符合人民群众利益的政策。

要保障马克思主义政党制定出符合人民群众利益的政策,还要有科学的领导决策方法。毛泽东把马克思主义关于密切党和群众联系的原理和辩证唯物论的认识论运用到政治领导和决策方面,总结出"从群众中来、到群众中去"的领导决策方法。即将群众分散的无系统的意见集中起来,经过研究,化为集中的系统的意见,又到群众中去作宣传解释,化为群众的意见使群众坚持下去,并在群众行动中考验这些意见是

---

① 《中共中央关于坚持和完善中国特色社会主义制度推进国家治理体系和治理能力现代化若干重大问题的决定》,载《人民日报》,2019年11月6日。
② 《马克思恩格斯文集》(第1卷),人民出版社2009年版,第287页。
③ 《列宁全集》(第33卷),人民出版社1985年版,第57页。
④ 《列宁全集》(第29卷),人民出版社1985年版,第103页。

否正确。如此无限循环，一次比一次更正确、更生动、更丰富。① 这一基本工作方法，把马克思主义政党同人民群众的密切关系加以具体化和现实化，使群众路线具有可操作性。

协商民主是我国社会主义民主政治的特有形式和独特优势，也是中国共产党执政和决策的重要方式。2005年《中共中央关于进一步加强中国共产党领导的多党合作和政治协商制度建设的意见》明确规定将政治协商纳入决策程序，提出协商于决策之前和决策执行过程中。文件还区分了政治协商的两种形式：中国共产党与各民主党派的协商、中国共产党在人民政协同各民主党派以及各界代表人士的协商。2015年《中共中央关于加强社会主义协商民主建设的意见》提出了七种协商形式。其中，政党协商、政协协商、政府协商和人民团体协商都与多党合作制度的主体或载体密切相连。

习近平指出，我们要深刻把握社会主义协商民主是中国共产党的群众路线在政治领域的重要体现这一基本定性。"党及其领导的国家是代表最广大人民根本利益的。在这个大政治前提下，我们应该也能够广泛听取人民内部各方面的意见和建议。"② 十八大以来，以习近平同志为核心的党中央运用群众路线的领导方法推进社会主义协商民主建设。在多党合作和政治协商领域明确了以下具体举措。

第一，深入开展政党协商。完善政党协商的内容和程序，聚焦全面深化改革中的重大问题和群众最为关切的问题，深入进行调查研究，为改革发展出实招、谋良策。建立健全知情和反馈机制，增加讨论交流的平台和机会。协商前，党委和政府有关部门要向民主党派和无党派人士通报有关情况，让他们知情。协商中，不要各说各话、流于形式，要有

---

① 《毛泽东选集》（第3卷），人民出版社1991年版，第899—900页。
② 《十八大以来重要文献选编》（中），中央文献出版社2016年版，第72页。

互动、有商量，使协商对凝聚共识、优化决策起到作用。

第二，全面推进政协协商。人民政协以宪法、政协章程和相关政策为依据，以多党合作制度为保障，集协商、监督、参与、合作于一体，是社会主义协商民主的重要渠道。人民政协要发挥作为专门协商机构的作用，把协商民主贯穿履行职能全过程。丰富协商形式，健全协商规则，优化界别设置，健全发扬民主和增进团结相互贯通、建言资政和凝聚共识双向发力的程序机制。① 营造既畅所欲言、各抒己见，又理性有度、合法依章的良好协商氛围。

第三，落实协商主体责任。中国共产党各级党委要为党外人士履行职能提供支持，认真听取和积极采纳党外人士意见和建议，协助民主党派加强自身建设。各民主党派和无党派人士要以中国特色社会主义政治发展道路为根本方向，提高参政议政、民主监督的水平，提高政治把握能力、组织领导能力、合作共事能力。虚心公听，言无逆逊，唯是之从是执政党应有的胸襟；凡议国事，惟论是非，不徇好恶是参政党应有的担当。②

四、丰富了马克思主义政党政策和策略原理

对于马克思主义政党而言，具有一整套科学的政策和策略原理并在实际工作中加以正确运用是极为重要的。列宁在《卡尔·马克思》中写道，马克思"毕生除了从事理论写作外，还毫不松懈地注意着无产

---

① 《中共中央关于坚持和完善中国特色社会主义制度推进国家治理体系和治理能力现代化若干重大问题的决定》，载《人民日报》，2019年11月6日。
② 《习近平关于社会主义政治建设论述摘编》，中央文献出版社2017年版，第76页。

阶级阶级斗争的策略问题"①。毛泽东认为："政策和策略是党的生命"②。马克思主义政党的政策和策略水平是其政治艺术和领导艺术的集中体现。十八大以来，以习近平同志为核心的党中央围绕多党合作制度和统一战线工作的有关论述，在许多方面丰富了马克思主义政党政策和策略原理。

首先，坚持原则性和灵活性的统一。列宁认为，"无产阶级及其政党在某一整个阶段内提出的革命或建设的总路线和总任务，这种政策具有战略意义，是坚定的和严肃的，不能随意变动。"与此同时，在每一时期"我们应当善于根据当时形势的特点提出自己的策略和当前的任务"③。毛泽东说："我们的原则性必须是坚定的，我们也要有为了实现原则性的一切许可的和必需的灵活性。"④ 对处理同党外人士的关系，习近平指出，最根本的是要坚持党的领导。统战工作实行的政策、采取的措施都要有利于坚持和巩固党的领导地位和执政地位。在这个过程中也要尊重、维护、照顾同盟者的利益，帮助党外人士排忧解难。统战工作不可能是清一色的，各式各样的人都会有，也应该有。"虽然党外人士有些人说的话、提的意见有时听着不舒服，征求意见、统一思想要花时间，但只要他们的出发点是好的，即便说得尖锐一些，即便工作费时一些，也是十分有益的。"⑤

其次，在当前的运动中代表运动的未来。《共产党宣言》中有一句名言："共产党人为工人阶级的最近的目的和利益而斗争，但是他们在

---

① 《列宁选集》（第2卷），人民出版社2012年版，第443页。
② 《毛泽东选集》（第4卷），人民出版社1991年版，第1289页。
③ 《列宁选集》（第4卷），人民出版社2012年版，第209页。
④ 《毛泽东选集》（第4卷），人民出版社1991年版，第1436页。
⑤ 《十八大以来重要文献选编》（中），中央文献出版社2016年版，第558页。

当前的运动中同时代表运动的未来"①。诚如毛泽东所言："现在的努力是朝着将来的大目标的，失掉这个大目标就不是共产党员了。然而放松今日的努力，也就不是共产党员。"② 习近平指出，摆在我们面前的一项重大历史任务，是推动中国特色社会主义制度更加成熟更加定型。这项工程极为宏大，必须是全面的系统的改革和改进，是各领域改革和改进的联动和集成。对于多党合作制度而言，要认真总结 70 年来在中国共产党领导下多党合作事业的宝贵经验，夯实新时代多党合作的共同思想政治基础。发扬优良传统，搞好政治传承，提高政治站位，增强政治能力，为多党合作发展打牢组织和人才基础。③

第三，团结一切可以团结的力量。在《共产党宣言》中，马克思和恩格斯提出共产党要"努力争取全世界的民主政党之间的团结和协议"④ 的观点。毛泽东在革命生涯的早期就提出了实行民众大联合，打败反动派的口号。中国共产党在革命、建设和改革进程中，创造性地解决了团结全民族最大多数，建立和巩固共同奋斗的统一战线的重大问题，为党的事业凝聚起一支最广大的同盟军。在团结全社会这一问题上，习近平指出：民主党派、无党派、民族、宗教、新的社会阶层、港澳台海外等各方面统一战线成员达数亿之多。只要把这么多人团结起来，就能为实现"两个一百年"奋斗目标、实现中华民族伟大复兴的中国梦增添强大力量。统一战线工作做得好不好，要看交到的朋友多不多、合格不合格、够不够铁。"要出于公心为党交一大批肝胆相照的党外朋友。"⑤

---

① 《马克思恩格斯选集》（第 1 卷），人民出版社 2012 年版，第 434 页。
② 《毛泽东选集》（第 1 卷），人民出版社 1991 年版，第 276 页。
③ 《习近平同党外人士共迎新春》，载《人民日报》，2019 年 1 月 29 日。
④ 《马克思恩格斯选集》（第 1 卷），人民出版社 2012 年版，第 435 页。
⑤ 《十八大以来重要文献选编》（中），中央文献出版社 2016 年版，第 563 页。

第四，正确处理两类不同性质的矛盾。列宁认为，"在社会主义下，对抗消灭了，矛盾存在着"①。不能单从阶级斗争的思维解释政治，"政治应该是人民的事"②。毛泽东用对立统一规律洞察社会主义社会，明确提出必须正确区分和处理两类不同性质的社会矛盾，将正确处理人民内部矛盾作为国家政治生活的主题。习近平指出，统一战线要正确处理一致性和多样性的关系。"对危害中国共产党领导、危害我国社会主义政权、危害国家制度和法治、损害最广大人民根本利益的问题，必须旗帜鲜明反对，不能让其以多样性的名义大行其道。这是政治底线，不能动摇。"③与此同时"对其他各种多样性，要尽可能通过耐心细致的工作找到最大公约数。只要我们把政治底线这个圆心固守住，包容的多样性半径越长，画出的同心圆就越大"④。

在马克思主义理论体系中，有许多被冠以"新"的概念，如新型无产阶级政党、新型国家、新型民主、新型专政，这些"新"都是相对于资产阶级政治学说中既有概念而言的。习近平新型政党制度论是对马克思主义政党理论的继承和创新，对西方政党理论的批判和扬弃。其思想内涵也必将随着实践的发展而更加丰富，对其理论探索自然也未有穷尽。

---

① 《列宁选集》（第4卷），人民出版社2012年版，第308页。
② 《列宁选集》（第4卷），人民出版社2012年版，第308页。
③ 《十八大以来重要文献选编》（中），中央文献出版社2016年版，第562页。
④ 《十八大以来重要文献选编》（中），中央文献出版社2016年版，第562页。

第四章 现代国家建构视域下中国政党制度理论阐释

"合法性—有效性"的二元框架是学界探讨中国政党制度与现代国家关系的既有路径。从历时性视角看,中国政党制度与现代国家的关系经历了组织性同构、制度性嵌入、效能性共生三个阶段。"中心—多元"政党结构模式的调适是两者关系演进的内在逻辑。国家与社会关系的深刻变革,中国共产党的适应性调整,民主党派的回应性转型,政党合作和协商机制的完善分别构成政党制度与国家关系变迁的外部压力、内生动力、结构推力、制度拉力。中国政党制度对现代国家的贡献体现为推动发展、激发民主、促进团结。政治协商是今后开发政党制度的关键。

作为当代中国的政党制度,中国共产党领导的多党合作和政治协商制度(以下简称"多党合作制度")在民主革命后期萌生,在社会主义建设时期初具形态,在改革开放后得到发展和完善。多党合作制度与现代国家的关系经历了深刻变革。本章在回顾相关概念和既有研究的基础上,对中国政党制度与现代国家的关系进行了历史界分。基于"中心—多元"政党结构调适的观点,论析了两者关系演进的内在逻辑,并对中国政党制度的贡献与发展进行总结性评述。

一、现代国家中的政党制度：理论回顾与既有研究

政党政治的运行离不开特定政治共同体所限定的时空范围，而构成政治共同体的基本单位是现代国家。马克斯·韦伯（Max Weber）归纳了现代国家的三个特征：存在一套制度或曰机构，以特定领土为界域，垄断合法使用暴力的权利。① 徐勇认为，现代国家建构是一个民族国家和民主国家的双重化建构过程，前者的核心是主权的确立，后者的核心是有关统治权归属、分配和行使的制度体系建设。② 国家、社会的分离是现代国家的基本特征，也是政党产生的先决条件。政党通过利益表达、利益综合、政治录用、政治社会化等基本功能的发挥，实现了公民对国家的赋权，克服了代议民主运行中主权与治权分离的困境，维系着民主政治的运转。③ 在此过程中，不同政党间以掌握或参与国家政权为目的进行和平的政治竞争、协商与合作所形成的较稳定的关系模式即是政党制度。

社会因素与国家因素是塑造政党制度的基本力量。一方面，政党制度体现着社会结构的内在张力。政党的存在反映了社会的多元，政党制度应以满足政党及其所代表社会群体的基本利益为旨归。另一方面，政党制度反映出国家建构的价值理念，国家的选择和国家的力量决定了政党只能在特殊的政治轨迹与制度环境中成长。国家和社会都从自身利益

---

① McLennan, G., *The Idea of the Modern State*, Open University Press, 1984, pp. 62-64.

② 徐勇：《"回归国家"与现代国家的建构》，载《东南学术》2006年第4期，第18—27页。

③ 池步云：《民主国家政党体制制度化的价值与局限——梅因沃林政党体制学说评析》，载《江西社会科学》2016年第12期，第186—192页。

与愿望出发对政党制度提出要求，但政党制度的根本价值在于体现国家立场，规范政党行为，使政党活动合法化、制度化。现代国家是政党制度产生的前提和存在的理由，成为分析政党制度功能与变迁的基本维度。

中国的多党合作制度源自民主革命时期中共与各民主党派开展的政治合作。中共的领导是合作的基础，政治协商是合作的原则与方式。此种合作关系所形成的政党结构在新中国成立后延续下来，并在现代国家建设的动力驱使下实现了一体化和制度化，成为今天的政党制度形态。中国共产党的领导是多党合作和政治协商的根本保证，多党合作在政治协商的基础上形式日益多样，政治协商在党派参与的基础上主体日趋多元，人民政协成为中国共产党领导的多党合作和政治协商的重要机构。

目前学界对中国政党制度与现代国家关系的研究主要围绕合法性与有效性两个维度展开。有关中国政党制度合法性的阐释可以分为历史主义与制度主义两种视角。历史主义视角将政党制度置于中国政治现代化的进程中加以考察。如林尚立认为，以政党为核心整合中国社会是现代化逻辑在中国的具体体现。中国的现代化转型与发展，必须有强有力政党领导的支撑，同时必须团结各种社会和政治力量。多党合作制度不仅适宜于中国政治形态的内在结构及其现代化转型，而且适宜于中国的国家建设和民主成长。[①] 徐锋认为，政党、政党制度的现代化本身即构成政治发展中的关键一环。与中国政治演进的历程相契合，多党合作制度经历了一个理念建构结合经验支撑的发展过程。[②]

---

① 林尚立：《新中国政党制度研究》，上海人民出版社2015年版，第16—23页。

② 徐锋：《政治发展中民主与政党制度的经验与建构》，载《马克思主义与现实》2009年第4期，第53—57页。

制度主义视角以政党制度必须符合中国的国体与政体为出发点加以把握。如袁廷华认为，人民民主专政国体的两大基本属性决定了中国政党制度的两项基本特征：通过中国共产党的领导地位体现工人阶级对国家的领导；通过构建一个包容政治参与、开放民主的制度架构体现广泛的人民民主。① 肖存良认为，政权组织形式及其背后的政权组织原则决定了政党制度的基本形态。西方国家议行分立的政权组织原则和三权分立的政权组织形式与竞争性政党制度相适应，政党竞争从内部支撑起三权分立。我国议行合一的政权组织原则和人民代表大会制度的政权组织形式与非竞争性政党制度相适应，政党合作从内部支撑起议行合一。②

有关中国政党制度有效性的研究包含了"运行模式论"与"权力结构论"两种观点。"运行模式论"探讨了中国共产党与各民主党派关系的性质，如周淑真、柴宝勇认为，中国的党际关系不是竞争的，而是共同协商的合作关系。中国共产党领导的多党合作制度，通过合法的形式实现一党执政、多党合作、共同参与国家政权和国家政策的制定。各民主党派通过参政议政、政治协商、民主监督等形式与共产党开展的合作，成为实现公民自治与参与的一种方式和途径。③ 刘宁宁运用合作博弈理论分析了中国共产党和各民主党派合作的过程：根本利益上的一致与具体利益上的分殊是合作的基础，中共的领导是合作的前提，共同遵守的纲领和章程是合作的依据，自愿、平等、互利是合作的原则，政治

---

① 袁廷华：《中国政党制度功能探析》，载《政治学研究》2012年第1期，第43—49页。

② 肖存良：《政党制度与中国协商民主研究——基于政权组织形式的视角》，载《南京社会科学》2013年2期，第78—84页。

③ 周淑真、柴宝勇：《政党制度价值的普适性与多党合作形式的民族性》，载《探索与争鸣》2009年第1期，第45—49页。

稳定与社会和谐是合作的收益，人民群众满意是合作的结果。①

"权力结构论"关注中国共产党与各民主党派在政治生活中的实际地位与作用。虞崇胜认为，中共处于领导和执政地位，各民主党派是中国的参政党，共产党和各民主党派的地位和作用是非对称的。这种非对称性政党制度的长处是既保证了共产党的领导和执政地位，又比较充分地吸纳了不同党派、不同阶层人士参与政治管理过程，从而实现全国政治力量的合理整合与协调一致。②董树斌也认为，无论从政党规模，还是政党与国家政权的关系角度看，我国政党制度都呈现非对称性特征。正是有了共产党执政与民主党派参政的非对称性和谐的政党制度，中国模式才能够发挥集中与效率的优势，同时通过民主党派的民主监督与参政议政来保证共产党科学决策、民主执政。③

"合法性—有效性"的二元论证富有启发性，它深刻影响着中国学者的政党制度观。但这些研究大都将政党制度作为一个既成性结构，忽视了其变化性，这种变化性是以现代国家建设的历史进程为背景的。政党制度的形成主要有两种情形：一是先有现代国家，后有政党制度，如英国等西欧国家的政党制度是在议会运行中逐渐产生的；二是先有政党制度的基础，后有现代国家，如许多发展中国家在争取独立时已经存在一定的政党格局。这些政党在国家独立后转而以和平方式争取和掌握政权，政党制度由此确立。前一种情形下，政党制度始于国家并渗透进社会；后一种情形下，政党制度始于社会，并参与国家建构，中国的情况

---

① 刘宁宁：《合作博弈视角下的中国特色政党制度》，载《马克思主义与现实》2009年第6期，第45—47页。

② 虞崇胜：《非对称性政党制度的特点和优势——中国多党合作制度的内在机理分析》，载《理论探讨》2009年第6期，第18—21页。

③ 董树彬：《非对称性和谐：中国模式的特色与优势》，载《求实》2012年第1期，第70—73页。

即属此类。国家建构的路径选择与政党制度的演进逻辑相互影响、密不可分。本章将进一步梳理中国政党制度在现代国家建设中的作用和功能变化,分析两者关系的互动与变迁,以期对"中国道路"的阐释提供一些思路。

二、同构、嵌入、共生:中国政党制度与现代国家互动历程分析

现代国家建设是基于现代化的历史运动,不仅表现为经济与社会的深刻转型,而且追求现代化过程中日益分化的社会获得新的整合。20世纪初,中国国家形态面临着从传统帝国向现代国家的历史性转变。由于国家转型是在外部压力引发的全面危机下被迫启动,故而缺乏内在的担当力量。在既有的阶级或阶层无法支撑和引领国家转型的情况下,需要新的能够将自在的社会凝聚起来的组织力量。在现代政治条件下,这个力量就是政党。相对于后发国家政治上软弱的文化民族,政治上成熟的政党足以提供现代国家建设所要求的观念设计、制度供给和社会动员。从文化国家转变为政党国家,而非民族国家,成为中国国家形态由古典迈向现代的必由之路。

所谓政党国家,是指存在一个占支配性地位的政党作为现代化发展和现代国家建设主导力量的国家形态。支配性政党的代表性、整合力和成熟度决定着国家现代化的走向。孙中山最早提出了以党治国理念。他认为革命时期内的一切军国庶政悉由国民党完全负责[1],从而开启了政党对于国家的支配。然而,国民党并没有完成政党国家建构的任务,原因之一便是未能处理好与其他社会力量间的关系。反观中国共产党则在确立党政军高度合一体制的同时,广泛联合各种积极的社会和政治力

---

[1] 《孙中山全集》(第3卷),中华书局2011年版,第97页。

量,实现了从政治舞台边缘到中心的位移,成为上能主导国家,下能整合社会的成熟政党。中共在统一战线的实践过程中,与各民主党派建立起协商合作的关系,党派相互间对政治价值的肯定为新中国政党制度的形成奠定了基础。本章将1949年后中国政党结构与现代国家的关系大致分三个阶段进行阐述。

1. 组织性同构阶段:1949—1978年

新中国成立之初,面临的主要问题是国家建构。国家建构是一个从无国家到有国家的过程,即基本政治秩序的建构。中国共产党在秩序国家的建构过程中,需要通过特定的政治程序来承担将汲取资源和垄断暴力合法化的功能,由统一战线所创造的阶级联盟与党派合作为新生政权提供了合法性资源。1949年9月,中国人民政治协商会议第一届全体会议召开。多党协商建国,各方共议立宪,意味着新中国的建立是中国共产党领导下全社会、全民族共同意志的体现。人民政协对党派关系的组织化确认并非代表中共对政党政治模式的认可,而主要是基于对阶级形势判断所作出的"敌""友"之分。在强调阶级联合的新民主主义建政阶段,中共与民主党派保持了较好的关系,各民主党派响应中共号召,积极参加土地改革、抗美援朝、"三反""五反"运动,为新政权的巩固作出了贡献。

新中国成立至改革开放前,中国政党结构与现代国家表现为一种组织性同构关系。组织性主要基于以下两个事实:一是民主党派的存续得到了保证,1956年,毛泽东明确表示不赞成苏联的一党制,提出共产党和民主党派要长期共存,互相监督。[①] 二是党派关系有了稳定的实践形式,在1954年代行人民代表大会职权结束后,人民政协组织在政治

---

① 《毛泽东文集》(第7卷),人民出版社1999年版,第34—36页。

生活中继续发挥作用，成为党派活动的主要场域。同构性主要体现为两个方面：一方面，中共通过"党委—统战部—人民政协"的联系模式，确立了对党派关系的领导，其在政党结构中的"领导党"身份与政府过程中的"执政党"身份合二为一，使政党结构与国家建设同向发展。另一方面，人民政协作为统一战线组织，实际上是中共政党功能的延伸，而非国家政治制度的组成部分。除此之外，民主党派在人民政协内的主要任务是学习和改造，基本不具备参政功能。因此，政党结构作为一个整体与国家政权的关系是间接性的。

2. 制度性嵌入阶段：1978—2005 年

国家发展的不畅引发了国家转型问题的出现，国家转型的路径与国家建构时的初始路径密切相关。由于我国的社会和经济部门长期居于弱势地位，党推动国家转型的方向体现为强国家向赋权国家和创新国家的转变。经历十年的全面危机后，国家走出困境的方法是开启新一轮现代化。实现现代化需要民主与法制为其提供动力，政党政治资源得到重视和开发。在中国共产党的支持和帮助下，各民主党派正式恢复活动，其政党身份得到确认和强调，各自确定了以中共为政治领导、以共同推进现代化建设为目标的政治纲领。政党结构在获得主体地位后，开始突破统一战线范畴，通过与国家制度的融合实现了对现代国家的全面嵌入。

多党派共存的政治事实发展为多党合作的政治制度。1979 年，邓小平首次使用多党合作概念，他指出，在中国共产党的领导下实行多党派合作是我国政治制度的一个特点和优点。[①] 1982 年，中共十二大提出中国共产党同民主党派长期共存、互相监督、肝胆相照、荣辱与共的方针。1987 年，中共十三大将多党合作制度作为社会主义政治制度的重

---

① 《邓小平文选》（第 2 卷），人民出版社 1994 年版，第 205 页。

要组成部分。1989年《中共中央关于坚持和完善中国共产党领导的多党合作和政治协商制度的意见》明确指出多党合作制度是我国的基本政治制度。1993年八届人大一次会议将"中国共产党领导的多党合作和政治协商制度将长期存在和发展"载入宪法,中国政党制度的确立获得了法律保障。

政党结构由组织性存在向制度性存在的转变使其活动场域不再局限于人民政协组织。一方面,党际直接沟通机制的建立提升了政党合作的层次。中共各级党组织不定期邀请民主党派参加民主协商座谈会,讨论和协商涉及国家事务的重大决策和重要人事安排。另一方面,政党结构全面嵌入国家政治体系。民主党派成员和无党派人士通过担任一定比例的人大代表,政府领导职务,法院、检察院领导职务,使政党合作进入国家的立法、行政和司法体系,并通过这些体系的运转与社会生活建立起有机联系。政党结构的制度化推动了政治体制改革和政治文明建设。政党制度成为维系政治体系的重要支柱,并在嵌入国家政治体系的过程中得到完善和发展。

3. 效能性共生阶段:2005年至今

国家转型的最终目标是实现国家治理能力的全面提升,即国家的秩序系统、赋权系统和创新系统间的平衡,以及国家能力与社会能力在高水平上的平衡。与国家治理所蕴含的非中心、社会导向的价值指向相契合,21世纪以来,政党制度开始由宏观的政治体系领域进入微观的公共政策制定领域。多党合作在实际政治生活中的表态性功能逐步外溢为建设性功能,并推动形成以政治协商为特征的政党政府结构形态。

政治协商是新中国建立的起点,它创造了多党合作并植根于其中。在多党合作的制度框架建立后,政治协商成为政党制度建设的重点。

2005年《中共中央关于进一步加强中国共产党领导的多党合作和政治协商制度建设的意见》明确规定将政治协商纳入决策程序，提出协商于决策之前和决策执行过程中。文件还区分了政治协商的两种形式：中国共产党与各民主党派的协商，以及中国共产党在人民政协同各民主党派和各界代表人士的协商。2007年国务院新闻办发布《中国的政党制度》白皮书，首次提出选举民主和协商民主两种民主形式，将选举民主与人民代表大会制度相对应，协商民主与多党合作制度相对应，两种民主形式的结合拓展了社会主义民主的深度和广度。

政党结构在建构为国家制度后必然进一步介入政府过程，政党制度实际效能的彰显有赖于政治协商从原则到制度，从抽象到具体的转变。作为法定的参政主体，民主党派一方面通过日益频密的党际协商将政策建议输入执政党系统；另一方面，通过持续稳定的担任政权机关行政职务将政策建议输入政权系统，使政党偏好全面纳入决策体系。人民政协组织的属性和功能由传统的统一战线与政治整合拓展为政治协商、民主监督、参政议政，成为多党合作的重要载体。人民政协虽不是国家权力机关，但却通过协商环节的植入实现对决策行为的影响，即人民政协在决策前进行协商，人民代表大会通过投票选举决策，政府在决策后贯彻执行，司法机关在决策后司法。从政策过程角度看，政治协商是提高决策质量的重要环节；从政治民主角度看，政治协商是发扬社会主义民主的有效形式；从政治文明角度看，政治协商是实现社会各阶层政治参与和利益表达的最佳路径。

三、"中心—多元"结构的调适：政党制度与现代国家关系演进的内在逻辑

通过上文梳理可知，自政党成为政治舞台上的主导力量后，中国的政党结构便呈现出"中心—多元"模式。"中心"指代的是占支配性地

位的政党,"多元"涵盖了代表其他社会力量的政治组织。以新中国成立为界,该模式的运行先后经历了中心政党更替(共产党代替国民党)与中心多元关系调适两个阶段。在第二个阶段,政党结构与现代国家的关系由同向而行走向相互依存,统一战线的价值追求与国家建设的内在需要不谋而合,制度化成为连接二者的纽带。上述变化是历史场景规定的时代任务与权力主体的自觉选择共同作用的结果。本部分将从外部压力、内生动力、结构推力、制度拉力四个方面论析这一变化的内在逻辑。

1. 外部压力:国家与社会关系的深刻变革

中国共产党将革命时期形成的党军关系移植到党政关系上,实现政党对国家的单向控制,使国家政党化。同时建立起一套按行政指令运行的、高度计划的经济体制,使社会国家化。政治权力、经济权力、社会权力三位一体的全能型体制在运行一段时期后便暴露出体制僵化的弊病,不仅阻碍经济发展,也削弱了国家权威。为改变这种状况,20世纪80年代以来,中共首先谋求经济和社会领域的变革。以农民自主经营,市场经济发育,非公有经济要素成长为主要内容的经济体制改革,极大地解放了生产力。以推广乡村和社区自治,允许社会组织发展,提倡个人权利保护为特征的国家对社会的放权,使相对独立的社会力量逐步形成。自由空间的出现并不断扩大导致国家与经济、社会结构的分离。面对国家与社会分化孕育出的现代公民意识与公民社会,国家需要通过二次整合使多元社会力量纳入政治体系当中,实现有序的政治参与。作为既有政治结构,多党合作顺应此种需要而焕发出制度价值。现代社会的发育驱动了政党从国家化向社会化的回归,使政党成为沟通国家与社会的桥梁,政党制度成为多方参与的治理平台。

2. 内生动力：中国共产党的适应性调整

市场经济触及的不仅是国家与社会关系，还涉及更深层次的政党与国家关系。与经济社会结构的变革相适应，20世纪90年代以来，中国共产党主要从四个方面进行自我调整。一是角色定位从革命党到执政党。以中共十六大提出的"两个转变"为标志，中共逐步褪去革命组织色彩，将历史使命定位为长期执政和改革开放。二是意识形态从阶级斗争到阶层合作。阶级观念在中共意识形态体系中长期占据重要位置。本世纪以来，中共开始从纯粹的阶级身份中解脱出来，更多的将价值追求立基于公众利益的实现上，对新的社会阶层表现出开放与吸纳姿态。三是治国方式从全能到法治。从中共十五大将依法治国确定为执政的基本方略，到十六届四中全会提出科学执政、民主执政、依法执政，再到十八大以来全面推进依法治国，标志着中共向依法执政、以党领政迈进。党的十九届六中全会提出，党领导健全保证宪法全面实施的体制机制，确立宪法宣誓制度，弘扬社会主义法治精神，提高国家机构依法履职能力，提高各级领导干部运用法治思维和法治方式解决问题、推动发展的能力，增强全社会法治意识。① 四是组织维系从等级控制到双向互动。新世纪以来，中共一以贯之强调党内民主的重要性。十八大之后，推进党内监督成为实践党内民主的重要形式。党内民主所强调党员的主体性、党内权力的委托性，给传统的上下级关系注入了弹性因素。只有明确了与国家的边界，政党才能建构和运行领导与执政的制度体系。中共政党权力的合理收缩与规范行使，形成了对其他社会力量参与现代化与国家建设的客观需要，因

---

① 《中共中央关于党的百年奋斗重大成就和历史经验的决议》，载《人民日报》，2021年11月17日。

此成为政党制度自成体系并获得独立发展的重要动力。

3. 结构推力：民主党派的回应性转型

民主党派有着特殊的历史和政治意涵，它们诞生于民主革命时期，具有资产阶级的政治身份，反对国民党独裁统治，与中共开展合作并接受其领导。周恩来指出：各民主党派无论名称叫什么，仍然是政党，都有一定的代表性，但不能用英、美政党标准来衡量他们，他们是从中国的土壤中生长出来的。[①] 民主党派在体制特征上体现出精英型政党色彩，该特征随着民主党派自身性质、地位的转变，以及中共建党模式的影响而愈加明显。新中国成立之初，民主党派人数很少，组织松散，其运行主要靠一些有影响的领导人来维持。20世纪80年代以来，民主党派的政治身份实现了从资产阶级政党向社会主义参政党的转变，内部成员结构由反映阶级特征转向反映职业特点。其在党员发展上坚持精英化路线，组织规模稳步扩大。民主党派在指导思想、组织结构、制度规范上与中共的相似性和对应性日趋明显，它们的权力集中程度和意识形态功效比共产党低，但其成员担任各级人大代表、政协委员、政府公职的比例远高于共产党。中共由革命党向执政党，民主党派由阶级身份的代表向新的政治与社会身份代表的转变，使它们彼此在目标任务、价值理念、组织功能上更加契合。中共成为社会转型和现代化所需要的领导力量，民主党派成为社会转型和现代化所需要的合作力量，中共与民主党派的合作与协商供给了社会转型和现代化所需要的民主资源。

---

① 《周恩来统一战线文选》，人民出版社1984年版，第121页。

4. 制度拉力：政党合作与协商机制的完善

改革开放前，党派合作主要依赖人民政协、双周座谈会、学习座谈会等形式，相对缺少整体性和连续性。改革开放以来，政党结构在全面融入国家政治体系的同时，形成了一套比较完善的运行机制。多党合作制度既不是一党独揽，也不是多元竞争，而是把领导核心的一元性与结构的多元性结合起来，形成共产党领导、多党派合作，共产党执政、多党派参政的结构模式。共产党领导主要是政治原则、政治方向和重大方针政策的领导。它以中共与各民主党派共同致力于建设中国特色社会主义事业为基础，以宪法为根本活动准则，以共产党创造共识和提供支持为方式，寓协商于领导，寓尊重民主党派及其成员利益于领导。多党派合作以四项基本原则为基础，以长期共存、互相监督、肝胆相照、荣辱与共为方针，以政治协商、民主监督、参政议政为主要形式，以人民政协、各级人民代表大会、各级政府和司法机关为场域，在国家政权内、外两个维度展开。共产党执政，指中国共产党掌握国家政权，在把握国家发展方向、发展模式，推动国家政治生活中起决定性作用。多党派参政，指各民主党派作为参政党在国家政权中发挥辅助和参与作用。多党合作和政治协商机制的完善保障了政党制度有效运行，使其价值理念通过自身的结构化、功能化进程不断显化。

本章小结

以现代国家为情境因素对中国政党制度的考察并不鲜见，尤其是"合法性—有效性"的静态分析已在相当程度上解释了多党合作制度的生成逻辑与运行机制。如果将该制度进一步纳入中国现代国家建设的历史进程，动态考察两者关系的演进逻辑，不仅能够加深对政党制度如何形成、如何运行的理解，而且直接引发出有关政党制度如何变革、如何发展的思考。由此，对中国政党制度的研究路径从二元拓展为三元，即"合法性—有效性—适应性"。不但使多党合作制度的理论研究更加丰富，更接近真相，还可以推动相关重大理论的发展。

对政党制度理论研究的丰富本身就蕴含着实践价值。一方面，它深化了对政党制度实际效能的整体性认识：一是凝聚力量，推动发展。共产党的领导地位和主导作用，保证了对经济社会发展的统一规划和总体部署，各民主党派、无党派人士发挥智力密集和联系广泛等优势，就关系国计民生的重大问题献计出力。二是包容协商，激发民主。多党合作制度汇集的社会各方面力量具有极强的广泛性和代表性，他们在政治协商、民主监督、参政议政过程中推动党和政府决策的科学化、民主化，人民民主得以稳步发展。三是多方整合，促进团结。共产党与各民主党派在国家政权内外团结合作，形成高度的政治认同。以民主协商代替竞争冲突，调动了各方面积极性和创造性，使安定团结的政治局面与经济社会结构的深刻调整并行不悖。

另一方面，它明确了今后开发政党制度的关键所在。政治协商创造多党合作，多党合作推动政治协商，政治协商为政党制度注入了发展活力。2015年《中共中央关于加强社会主义协商民主建设的意见》提出了七种协商形式。其中的政党协商、政府协商、政协协商和人民团体协商都包含着多党合作制度的主体或场域。面向未来，笔者认为政治协商在发展和完善过程中应处理好四对关系：一是政治协商与党的领导的关系，即如何通过政治协商巩固中共的领导地位，并通过政治协商提高中共的执政能力。二是政治协商与多党合作的关系，中共要增强民主执政能力和平等意识，民主党派要提高参政议政和民主监督能力。三是政治协商与民主决策的关系，应着力增强协商内容的广泛性、针对性，保证协商过程的制度性、规范性，提高协商成果的科学性、可行性。四是政治协商与人民政协的关系。一方面，完善政协委员推选制度，体现协商主体的代表性和包容性；另一方面，加强政协委员综合素质和权利保障，激发协商主体的主动性和创造性。

第五章　人民政协与社会主义协商民主理论的初步探索

人民政协的创立及初步运行，从主体和载体两方面赋予民主协商稳定有效的组织依托。构建起政协委员会综合性协商、政协工作组经常性协商、多方参与专题性协商、面向基层群众开放性协商的多元制度架构。围绕新政权的建立与巩固、社会主义改造与阶级关系调整、国家各项事业创立和发展，人民政协形成了共识决策、认同建构、意见交流、政策输出四类协商路径。人民政协成立初期的民主协商，初步建立起国家层面民主协商的运行制度，推进协商政治广泛、多层次发展，促进协商与选举两种民主形式协同发展，形成人民政协民主协商的基本经验，为新时代社会主义协商民主的概念阐释和理论建构奠定了基础。新时代推进人民政协制度优势转化为治理效能，应在具体工作中践行"四个结合"：以政治强基与组织固本相结合传承初心使命；以文化浸润与法规约束相结合激发合作动能；以责任清单与精准专业相结合优化协商过程；以高位推动与基层首创相结合强化机制创新。

民主协商是中国共产党同各民主党派、无党派人士及社会各政治团体，主要就政治性议题，开展平等、理性、有序交流，以达成共识、实现团结、推动发展的民主形式。① 半殖民地半封建的中国社会，内无民主政治制度，外无国家民族独立。中国共产党为获得参与国是的权利，根据当时的国情，提出了"几个革命阶级联合专政"的主张和长期与党外人士合作的思想。协商作为一种实现民主的方式应运而生，并贯穿于此后中国共产党领导革命、建设和改革的历史进程。

抗日战争时期的"三三制"民主政权建设，使中国共产党对民主协商的原则与方法等有了初步认识。1946 年重庆政治协商会议，由民主协商塑造的政治认同成为中国共产党获得信任和支持的重要源泉。中华人民共和国成立前夕，中国共产党与各民主党派、无党派人士及各革命团体协商建国，使民主协商从统一战线的工作方法上升为国家政治生活的运行方式。经历改革开放前后的顿挫与恢复，民主协商在中国特色社会主义新时代实现了新发展。突破以党际协商和政治协商为主的传统范畴，形成社会主义协商民主广泛、多层、制度化发展的新格局，成为中国共产党在新的历史条件下推进国家治理现代化的战略选择。

1949 年至 1956 年，是中华人民共和国从成立到社会主义制度基本建立的历史时期，也是中国共产党领导的民主协商在国家层面正式确立的关键阶段。人民政协的创立和初步运行，实现了民主协商由实践探索到制度创设的跨越。并为其由制度创设到理论总结，由理论总结引领实践与制度发展，推动社会主义协商民主的概念提出和体系建构奠定了重要基础。目前学界关于人民政协成立初期民主协商的研究多为节点分析

---

① 目前学界关于"民主协商"概念的研究主要有莫岳云、张青红：《民主协商是中国独具特色的民主政治模式》，载《求是》2012 年第 21 期，第 64 页；宋连胜、李健：《从"民主协商"到"协商民主"——论中国特色社会主义协商民主的历史演进》，载《社会科学战线》2015 年第 11 期，第 187—194 页。

与思想阐释,没有展现该时期人民政协民主协商的全景。① 基于此,本章尝试从体制创设、实现路径、价值启示的角度,考察1949年至1956年间人民政协民主协商的实践逻辑与当代价值。

一、人民政协民主协商的体制创设

1. 协商组织结构的建立

人民政协民主协商的开展,有赖于稳定的组织依托。从第一届政协创立到第二届政协召开,是人民政协界别和委员两个层次协商主体的形成时期,也是协商组织载体从初步建立到基本定型的过渡阶段。

第一届政协在组成上是一个代表全国人民力量的阵容。人民政协以各党派、人民团体、各民族和各界人士为具体划分的组织形式得以延续和规范,并被赋予界别这一专有称谓,成为政协履行职能、开展民主协商的基本单元。

首先,界别是人民政协组织的优势所在和生命力体现。周恩来指出,人民政协是各单位的集体。"我们已经把工、农、妇、青组织起来。同样,将上层政治活跃分子组织起来,有利于反映他们所在阶级的意见,同时便于他们学习,在政治上也能够更好的同我们配合和合作。"② 谭平

---

① "节点分析"主要指围绕政协一届全体会议的研究,如赖静萍:《包容性民主与政治共识——新中国成立初期中国共产党对民主选举的认知》,载《中共党史研究》2012年第5期,第54—63页;覃敏健:《试论"一届政协"的历史方位》,载《江苏社会科学》2009年第6期,第171—178页。"思想阐释"主要指关注这一时期中共领导人协商思想的研究,如刘爱章、邹小花:《新中国成立前后中国共产党对协商民主的实践探索和思想贡献》,载《思想教育理论导刊》2014年第10期,第32—36页;胡晓青:《新政协筹备期间周恩来对民主协商的思考和探索》,载《党的文献》2018年第4期,第61—67页。

② 《中国人民政协全书》(上卷),中国文史出版社1999年版,第31—32页。

山认为,以各民主党派、人民团体为基础,保证革命阶级联盟的组织力量;同时在必要的时候将若干爱国民主人士吸纳进来,有利于人民民主统一战线的巩固和壮大。①

其次,界别体现了人民政协的政治标准。在新政协筹备过程中,主要通过对申请参会的党派、团体进行慎重考察,保证人民民主统一战线的团结与巩固。《新政治协商会议筹备会组织条例》规定了新政协的参加者是拥护新民主主义,同意推翻国民党反动统治,建立新国家的一切人民民主力量。② 新政协筹备会依据上述规定,对来自孙文主义革命同盟、民社党革新派等23份要求以党派或团体身份参会的书面申请进行了具体研究和处理。③

第三,界别是人民政协中独立的行为主体。人民政协各类文件对界别的代表资格与行为方式进行了清晰界定。如《新政治协商会议筹备会组织条例》规定,筹备会开会表决时,每单位不论其人数多少,均为一权。④《中国人民政治协商会议组织法》规定,人民政协是以党派、团体等单位为基础组成的,各单位有遵守政协相关决议的义务,同时也有保留意见的权利。⑤

在界别之下,代表和委员是人民政协另一层次的协商主体,前者特指出席政协一届全体会议的代表,后者指历届政协全国委员会委员。上

---

① 《人民政协重要文献选编》(上),中央文献出版社、中国文史出版社2009年版,第63页。

② 参见《五星红旗从这里升起——中国人民政治协商会议成立记事暨资料选编》,文史资料出版社1984年版,第265页。

③ 石光树:《迎来曙光的盛会——新政治协商会议亲历记》,中国文史出版社1987年版,第138页。

④ 参见《五星红旗从这里升起——中国人民政治协商会议成立记事暨资料选编》,文史资料出版社1984年版,第267页。

⑤ 《人民政协重要文献选编》(上),中央文献出版社、中国文史出版社2009年版,第56—57页。

述代表和委员的产生,坚持名额分配上突出代表性与人选确定上体现广泛性相结合。① 人民代表大会召开后,政协得以专注于发挥统一战线功能。1954年产生的政协二届全国委员会,不仅取消了区域和军队单位,而且全部558名委员中,共产党员只占四分之一多,兼任人大代表的不到四分之一,许多是第一次成为政协委员。② 委员范围基本囊括了当时所有阶层、群体、职业和方面的代表性人物。

第一届政协的全国组织分为三个层次:政协全体会议在完成代行全国人民代表大会职权的议程后,即将国家最高权力机关职权移交中央人民政府委员会行使。③ 政协全国委员会是各党派团体进行政治协商的统一战线组织。在政协全国委员会闭会期间设立常务委员会主持日常工作。第二届政协召开后,原有的三个层次改为全国委员会和常务委员会两个层次。地方组织方面,政协一届全国委员会决定暂不设立政协地方委员会,由省、市各界人民代表会议协商委员会代行同级地方政协职权。④ 第二届政协召开后,各省、自治区、直辖市和省辖市的政协组织在原先各界人民代表会议协商委员会的基础上建立起来。

---

① 政协一届全体会议包括党派代表、区域代表、军队代表、团体代表共45个单位,其中正式代表510人,候补代表77人;连同特邀代表75人,共46个单位662人。政协一届全体会议选举政协一届全国委员会委员180人,政协一届全国委员会第二次会议时新增18人,共198人。参见《五星红旗从这里升起——中国人民政治协商会议诞生记事资料选编》,第282—284页;湖北省中共党史人物研究会:《中国人民政协史》,武汉出版社1989年版,第88—89页。

② 湖北省中共党史人物研究会:《中国人民政协史》,武汉出版社1989年版,第129页。

③ 《人民政协重要文献选编》(上),中央文献出版社、中国文史出版社2009年版,第78页。

④ 《人民政协重要文献选编》(上),中央文献出版社、中国文史出版社2009年版,第126页。

在加强中国共产党的领导方面，新政协筹备会期间，中共中央专门成立了新政协筹备会党组干事会。① 第一、二届政协期间，政协全国委员会历次会议均设立会议党组，负责协调统一党内立场，确保中国共产党对政协工作的领导。

2. 协商制度载体的形成

伴随组织设置及其职能安排日臻成熟，1949年至1956年期间，人民政协的民主协商得以在多层次、多渠道开展，构建起综合性、经常性、专题性、开放性的协商制度架构，并初步形成良性运行机制。

第一，政协委员会的综合性协商。依托定期召开的政协委员会全体会议、常委会议及全体会议期间的提案工作，形成了人民政协最重要的综合性协商制度架构。在全国人民代表大会召开前，中共中央和中央政府每逢事关国家重大方针或统一战线重大问题，通常会提到政协全国委员会或其常委会进行协商。政协全国委员会或其常委会也可以向中央政府提出建议案。② 从第二届政协开始，政协全国委员会全体会议和常委会议主要是为巩固和发展统一战线开展工作。政协全国委员会全体会议通过的提案是建议性的，不具有法定约束力。其处理办法一般是建议中央人民政府核办或参考、注意。③ 各省、市协商委员会和地方政协均设有全体会议和常委会议，并参考政协全国委员会开展提案工作。

---

① 杨静仁：《在新政协筹备会工作的日子里》，载《人民政协报》，1999年9月7日。
② 彭友今主编：《当代中国的人民政协》，当代中国出版社1993年版，第104—105页。
③ 章乃器：《提案审查委员会关于提案审查的报告》，载《中国人民政治协商会议全国委员会会刊》，1951年，总第3期，第165页。

第二,政协工作组的经常性协商。政协委员会根据开展经常工作的需要,按照国家事务和统一战线工作重要领域设置工作组。① 工作组成员大都与某一方面工作有关,既包括政协委员,也吸收了委员之外的代表性人士。通过对专门问题交换意见,使政协协商议题拓展、人数增加、密度提高。成立之初,政协全国委员会工作组的工作偏重于审议法案。② 到1952年底,由于必要的法规逐步制定,各工作组逐渐转向以统一战线事务为主要工作。③ 此外,政协工作组还持续与各界人士开展协商联络。如天津市政协工作组采取邀请来会、个别访问、参观学习、报告座谈、文娱活动等方式同政协委员及非政协委员的各界民主人士保持接触。④ 联络工作便于各界民主人士敞开心扉,帮助他们解决一些政治思想、工作关系、个人生活方面的问题。

第三,多方参与的专题性协商。政协全国委员会还通过其他会议形式进行政治协商与民主监督。一是定期召开的双周座谈会。由各民主党派中央负责人、无党派民主人士代表、部分全国政协委员,就国家中心工作、国际问题、统一战线问题进行讨论。二是政协全国委员会和各民主党派、人民团体、无党派人士、地方协商机构不定期召开的协商会

---

① 政协一届全国委员会设政治法律、财政经济、外交、国防、文化教育、民族事务、宗教事务、华侨事务8个工作组。政协二届全国委员会改设工商组、教育组、文化组、科学技术组、国际问题组、社会福利组、宗教组、华侨组8个工作组,后又增设医药卫生组、民族组和妇女组。地方协商机构在成立后也相继建立了工作组(或专门委员会)。参见《中国人民政协全书》(上),中国文史出版社1999年版,第292页。

② 陈叔通:《中国人民政治协商会议第一届全国委员会常务委员会工作报告》,载《人民日报》,1950年6月14日。

③ 彭友今主编:《当代中国的人民政协》,当代中国出版社1993年版,第319页。

④ 《政协天津市委员会联系社会人士的工作情况》,载《中国人民政治协商会议全国委员会会刊》,1956年,总第15期,第44—45页。

议。三是政协全国委员会与中央人民政府有关部门、全国人大常委会举行的联席会议。四是政协全国委员会和其下辖的学习委员会、学习座谈会，就学术问题及群众普遍关心问题举办的报告会。地方各级协商机构也针对政府工作与时政热点，不定期组织各界人士座谈会与学习报告会。上述会议成为各界人士参政议政的重要渠道和政协委员学习的重要场所。

第四，面向基层群众的开放性协商。接受与反映人民意见工作是在人民代表大会尚未召开的情况下，以地方协商委员会为主开展的协商活动。政协全国委员会常委会于1951年7月要求省、市两级协商委员会"负责并适当处理人民提出的各类询问、建议、要求、批评与申诉，使之有着落有交代"[1]。协商机构接受人民意见的途径，一是各类会议，二是通讯联系，三是设立信访渠道，四是直接走访与反馈。按人民意见的性质自行处理，或交由政府或有关部门、民主党派、人民团体处理。[2] 这一工作有助于中共党委和政府密切与群众的联系，使政协协商的触角由高层延伸至基层，由精英扩展到大众。

二、人民政协民主协商的实现路径

1949年至1956年间，各级协商机构开展了广泛而有针对性的协商活动。在此过程中，逐渐形成了共识决策、认同建构、意见交流、政策输出四类协商路径。它们在协商议题、准备、过程、目标、结果等方面呈现不同特征，同时又在实践中互为补充，呈现融合发展趋势。

---

[1]《中国人民政协全书》（上卷），中国文史出版社1999年版，第240—241页。

[2]《中国人民政协协商会议全国委员会秘书处关于处理人民意见工作的报告》，载《中国人民政治协商会议全国委员会会刊》，1953年，总第8期，第16页。

1. 新中国成立与统一战线事务中的共识决策

共识决策型协商是政协一届全体会议就新中国成立的重要事宜,以及中华人民共和国成立后,各级协商机构就统一战线相关问题开展协商,达成一致,作出决策的协商类型。目的在于通过协商过程实现国家事务与统战工作的决策民主。这类协商活动的结果即为决策结果,通过的有关决议与安排对政府部门和协商机构的行为具有刚性约束力。

人民政协最早的共识决策型协商源于政协一届全体会议。这次会议代行全国人民代表大会职权,通过《中央人民政府组织法》,选举产生中央人民政府委员会,为中华人民共和国的成立和运行提供了根本的法律依据、制度遵循和组织保证。在新政协筹备阶段,中国共产党不辞辛劳的统战工作、对民主人士的高度重视和礼遇,都是为了达成协商、体现民主。政协一届全体会议的许多议程虽未经过选举,却由中国共产党与民主党派、无党派及各界人士在会议前后广泛协商并达成共识,从而保证了新政权的建立平稳有序且不失民意。

由于代行全国人民代表大会职权的政协全体会议仅召开了一次,政协对于国家事务的决策型协商未能延续。在新中国成立后,政协的决策型协商,仅限于统一战线事务的处理上。在政协全国委员会的历次全体会议、常委会议、工作会议中,有关统一战线事务的协商讨论一直占有重要比重。①

---

① 《中国人民政治协商会议组织法》中关于政协全国委员会的职权,其中第七项为"协商并处理其他有关中国人民政协内部合作的事宜";《中国人民政治协商会议章程》第九条规定,政协全国委员会协商和工作的范畴,包括有关人民民主统一战线的重要事项。参见《人民政协重要文献选编》(上),中央文献出版社、中国文史出版社2009年版,第59、215页。

注重平等沟通协调基础上达成一致,是共识决策型协商的核心要素。而将协商与选举(票决)相结合,是实现这一目标的有效方式。共识决策型协商的目标是使人民政协的一切工作和活动都体现民主的程序、作风和氛围。实现协商目的与手段的统一,发挥协商与选举两种民主形式相结合的优势。

2. 新政权巩固阶段各政治运动中的认同建构

认同建构型协商是以各协商主体思想认识达成一致为主要目标的协商类型。它是新中国成立后最初几年中,各级协商机构围绕国家重大政治运动开展的协商形态。此类协商多发生在政治运动开始之后,并伴随运动发展的全过程,朝着既定目标推进。协商成为中共各级党委和各级政府实行政治动员的方式。

在协商议题上,认同建构型协商的对象主要是抗美援朝,土地改革,镇压反革命,"三反""五反",保卫世界和平等政治运动。在协商准备上,通常伴有报告、参观、学习等活动,以加深协商主体对于协商议题的认知。在协商过程上,十分注重对协商进程的引导。相关协商会议通常遵循比较严格的议程设置,中国共产党在此过程中始终发挥着主导作用。

在协商结果及其运用上,一般是通过决议、号召或重要民主人士发表谈话,媒体刊文等,旨在向特定群体或全社会进行宣传动员,解疑释惑,推动政治运动更加深入地开展。如民主人士黄炎培在结束半个多月的土改考察后,于1951年2月在政务院和政协全国委员会作了《访查苏南土地改革报告》,对土改运动给予总体肯定的评价。[①] 认同建构型

---

① 江苏省档案馆:《建国以来江苏省重要文献选编》(第2册),南京凤凰科学技术出版社2017年版,第50—57页。

协商对于中国共产党团结社会各界人士，完成建国初期政权巩固的各项任务发挥了重要作用。

3. 社会主义改造阶段关系调整中的意见交流

意见交流型协商是以各协商主体意见的开放性表达为主要特征的协商类型。1953年以后，各级协商机构的主要工作也由开展政治运动转变为协助政府推进各项建设。意见交流型协商通过协商发起者和参与者的双向互动，在阐明政府政策，沟通各界人士思想的同时，听取各方建议，改进政府工作，上述两方面目标的达成具有共时性。

从协商议题看，意见交流型协商的主题涉及经济、政治、社会、文化、国际等各领域。第一、二届政协期间，有关人民代表大会筹备与宪法制定，公私关系与工商业改造，农业合作化，战犯、战俘和城市残余反革命分子处理，知识分子问题等的协商，基本都属于意见交流型协商的范畴。

从协商过程看，意见交流型协商体现出三方面特征。首先，协商是对真实意见的表达，通过协商反映政府工作中存在的问题。其次，协商包含着对不同意见的阐释，协商过程中既有与政府主张一致的声音，也有不同的甚至反对的声音。第三，协商激发了创造性意见的产生，调动了协商主体的积极性

从协商结果和影响看，一方面是协助政府及时收集各界人士的意见和要求；另一方面是加强了人民群众与政府之间，协商委员与协商机构之间的联系。如1954年宪法制定过程中，政协全国委员会在全国各大城市组织各方面代表人物进行讨论。[1] 先后有8000多人参与，形成不

---

[1]《中国人民政治协商会议全国委员会关于参加中华人民共和国宪法草案的宣传和讨论的通知》，载《中国人民政治协商会议全国委员会会刊》，1954年，总第11期，第29页。

少修改意见,使社会各界"从讨论宪法的工作中,受到最深刻的民主教育,增强了主人翁的责任感"①。意见交流型协商充分体现了人民政协的性质与优势,成为各级政协机构运用最为广泛的一类协商模式。

4. 新中国各项事业创立和发展中的政策输出

政策输出型协商是与政府政策出台具有直接联系的协商模式。主要存在于各级协商机构围绕国家和本地区各方面建设开展的协商活动中。协商主体智力优势的发挥是其主要特点。政策输出型协商通常涉及财政经济、生产建设、文教科技、医药卫生、社会民生等领域的具体问题,协商的主要目的在于完善与监督政府工作。在协商前,通常伴随报告、调研、意见收集等活动;协商过程注重对问题的呈现和解决方案的制定,协商结果直接导致政府出台相关法案或具体政策。政策输出型协商曾对中华人民共和国成立初期国家与地方经济社会建设提供过宝贵支持。以下结合北京市政协在1956年期间召开的市政与民生问题座谈会为案例,对政策输出型协商的步骤与方法进行分析。

北京市政协结合本地情况,与有关委员和政府相关部门联系,选择确定座谈会内容。1956年七、八两月份召开十次座谈会,讨论了工商业、国画、京剧、市政建设和联合诊所等问题。这些问题都是大家想谈、愿谈的。组织哪一方面的座谈会,就以哪一方面的委员为主进行筹划,同时邀请熟悉实际情况的各界代表性人士参加有关座谈会。这十次座谈会,出席者共计232人,提出150多条意见。为使意见和建议得到切实解决,北京市政协采取了三种办法:一是邀请政府有关部门人员列席会议,听取意见,并对一些问题当场作适当的说明解释;二是在报纸

---

① 《北京市第四届各界人民代表会议协商委员会工作报告》,北京市档案馆,档案号:001-006-00858。

上做必要的较为详细的报道;三是认真处理座谈会上所提出的意见和建议,要做到有着落有交代。上述座谈会召开后,北京市政协及时将会议记录整理后分转有关部门,多数意见和建议得到解决。①

三、人民政协民主协商的价值启示

人民政协在创立初期的民主协商,为社会主义协商民主的孕育和生成奠定了重要的实践、制度和理论基础,对当今社会主义协商民主体系建设具有重要启示和借鉴作用。

1. 初步建立国家层面民主协商的运行制度

民主革命时期,统一战线中的协商是时间不定、地方随机,遇事协商、大事协商的非常态化、非制度化协商。人民政协的创立为民主协商搭建了稳定、制度化的实践平台。人民政协相关文件对政协职能予以专门规定,各级协商机构在实践中相继发展了委员会全体会议、主席会议、常委会议、专题座谈会议、专门委员会会议等多种协商载体。经过发展完善,构成了今天政协协商的主渠道。如始于政协十二届全国委员会的双周协商座谈会,就是对人民政协成立初期召开的双周座谈会的继承与创新。②

中华人民共和国成立初期,中国共产党对重大问题的决策是谨慎的。"政府方面在推行政务当中发现有重大问题、重要措施,应交到政协全国委员会常务委员会来协议。全国委员会委员,或各人民团体、各

---

① 《政协北京市委员会组织座谈会的情况》,载《中国人民政治协商会议全国委员会会刊》,1956年,总第15期,第41—43页。

② 《从双周座谈会到双周协商座谈会》,载《人民政协报》,2014年9月20日。

党派觉得某种重要措施、重大问题需要成为决议送给政府采纳实行,可以由全国委员会常务委员会自己制成决议,提交政府。"① 这实际上已经初步提出了把协商纳入决策程序,为社会主义协商民主树立了典范。

2. 推进协商政治广泛、多层次发展

人民政协在履行人大职权期间的协商实践,实际上涵盖了党际协商、政府机关各部门之间协商、基层协商等多个领域,基本覆盖了当今社会主义协商民主七种形式的范围和框架。②

关于政党协商与人民团体协商,人民政协是政党协商和人民团体协商的重要场所。围绕各类议题,各民主党派、人民团体在政协会议上经过协商,与中国共产党在思想和行动上取得一致。关于人大协商与政府协商,围绕人民政协一届全体会议颁布的《中央人民政府组织法》和相关决议案的协商过程,本身就具有立法协商的性质,成为人大协商的雏形。在全国人民代表大会召开前,政协全国委员会每年协商审议政务院工作报告和一系列法律法规,并经常就政府部门的工作提出建议,实际上兼具立法协商与政府协商的双重性质。

人民政协围绕1954年宪法进行的协商活动,则涵盖了以上各类协商形式,并将基层协商纳入其中。从宪法提出构想到最终公布实行,经历了中国共产党与党外民主人士参与的制宪协商③,人民政协、人民团体等组织内开展的草案协商,以及群众参与、范围遍及全国各城市基层

---

① 《中国人民政协全书》(上卷),中国文史出版社1999年版,第46页。

② 社会主义协商民主的七种形式包括:政党协商、政府协商、政协协商、人大协商、人民团体协商、基层协商、社会组织协商。参见《中共中央印发〈关于加强社会主义协商民主建设的意见〉》,载《人民日报》,2015年2月10日。

③ 《中华人民共和国宪法起草委员会举行第一次会议,毛泽东主席在会上代表中国共产党提出中华人民共和国宪法草案初稿》,载《人民日报》,1954年3月24日。

单位，街道、企业、高校、机关的全民协商。① 此外，基层协商还广泛存在于地方协商委员会接受与反映人民意见工作的过程中。

3. 促进协商与选举两种民主形式协同发展

从第一届人民政协到第一届人民代表大会期间，人民政协兼具国家权力机关和人民民主统一战线组织双重性质，开创了社会主义民主协商与民主选举良性互动的历程。在职能履行上，政协一届全体会议不仅完成了党派协商建国、各方共议立宪的使命，还充分行使了立法权、选举权、审议权和决定权。客观上从国家制度层面将协商与选举两种民主形式紧密联系在一起。在代表构成上，区域代表和军队代表体现出人民代表大会的选区制模式，总体上解决了在我国幅员辽阔、人口众多的条件下实现人民当家作主的基本政治问题。而党派、团体和特邀代表充分体现了以界别为视角的代表模式，促进了精英参政与人民民主的结合。

以第一届全国人民代表大会的召开为标志，开始确立人大民主选举与政协民主协商协同发展的新格局。为推动人民代表大会与人民政协这两个会议之间的有效互动不断发展，形成如今的"两会"机制奠定了基础。人民代表大会属于国家权力机关，坚持民主集中制的组织原则，以民主选举为内容要求少数服从多数，最终形成统一意志。人民政协是统一战线组织，对各个阶层团体的包容性决定其以政治协商作为活动的基本规则，和而不同、求同存异。政协与人大相互补充，在国家与社会间构建双向、多层、畅通的政治传输路径。通过民主选举，确立了政权最广泛的合法性；通过民主协商，最大程度增强了政权的包容性。

---

① 《中国人民政治协商会议全国委员会大事记》，中国文史出版社1988年版，第63—64页。

4. 形成人民政协民主协商的基本经验

人民政协从建立到初步运行，践行了马克思主义的民主观与统一战线理论。政协的协商活动在实践中也丰富和发展了协商民主理论。结合这一时期中国共产党领导人有关民主协商与政协职能的论述，人民政协协商的基本经验和优良传统可以概括如下。

一是共商国是，民主监督。关于政协的职能，周恩来把政协比作"政策大本营的司令部，它来策划选举，它经常是个参谋机关"①。毛泽东指出，政协是建议性质的会议，"但实际上，这种会议上所做的决定，中央人民政府是当然会采纳并见之实行的"②。政协的职能除了民主协商外，还有民主监督。其实质是提意见、作批评，它有利于党和政府集中正确的意见，实现决策科学化。

二是平等相待，增进团结。关于协商的主体和意义，毛泽东认为，国事是国家的公事，不是一党一派的私事。共产党员只有对党外人士实行民主合作的义务，而无排斥别人、垄断一切的权利。③"各党派、各民族、各团体的领导人物一起来协商新中国的大事非常重要，人大的代表性当然很大，但它不能包括所有的方面。"④

三是事前协商，务求实效。关于协商程序，新民主的特点就在于"凡是重大的议案不只是在会场提出，事先就应提出来或在各单位讨

---

① 《中国人民政协全书》（上卷），中国文史出版社1999年版，第32页。
② 《人民政协重要文献选编》（上），中央文献出版社、中国文史出版社2009年版，第121页。
③ 《毛泽东选集》（第3卷），人民出版社1991年版，第809页。
④ 逢先知、金冲及编：《毛泽东传（1949—1976）》（上），中央文献出版社2003年版，第315页。

论"①。此外,协商必须有结果,有统一的决议,避免政治协商的功能虚化。"正是由于在协商过程中反复地交换了意见,展开了争论,从而辨明了是非,达成了协议,在进行选举和通过议案的时候,就自然而然地常常出现最大多数一致以至全体一致的赞同和决议。"②

四是求同存异,兼容并包。关于协商方法,"政协会议上应该允许有不同的意见提出来,使讨论中更和谐,更知道各方面的意见。我们同党外人士合作就是在共同的大前提下,接受他们的好意见,丰富我们的主张。"③ 在协商过程中要以理服人,争取达成共识和理解。但又不是一味追求妥协,在原则问题上应进行理性的交锋,以斗争求团结。

四、推进新时代人民政协制度优势转化为治理效能

人民政协是国家治理体系的重要组成部分,"是具有中国特色的制度安排"④。人民政协制度由党对政协领导制度、专门协商机构制度、化解矛盾凝聚共识制度、强化政协委员责任担当制度等组成。人民政协在协商中促进广泛团结、推进多党合作、实践人民民主,有利于广纳群言、广谋良策、广聚共识,有利于促进党和政府决策科学化、民主化,有利于更好实现人民当家作主,有利于化解矛盾、促进社会和谐稳定。党的十九届四中全会就发挥人民政协专门协商机构作用,提高政治协

---

① 《人民政协重要文献选编》(上),中央文献出版社、中国文史出版社 2009 年版,第 33 页。

② 《老一代革命家论人民政协》,中央文献出版社 1997 年版,第 222—223 页。

③ 《老一代革命家论人民政协》,中央文献出版社 1997 年版,第 19 页。

④ 《中国人民政治协商会议第十三届全国委员会第一次会议文件》,人民出版社 2018 年版,第 39 页。

商、民主监督、参政议政水平,更好凝聚共识提出具体要求。十九届六中全会提出：加强人民政协专门协商机构制度建设,推进社会主义协商民主广泛多层制度化发展,形成中国特色协商民主体系。① 国家治理现代化集中体现了国家制度的完善程度和执行能力。推动人民政协在国家治理现代化中发挥更大作用,需要从制度性质、制度相关人、制度运行、制度环境层面破解阻碍人民政协制度优势转化为治理效能的现实障碍,在具体工作中践行"四个结合"。

1. 以政治强基与组织固本相结合传承初心使命

人民政协是中国共产党把马克思列宁主义统一战线理论、政党理论、民主政治理论同中国实际相结合的伟大成果,"是中国共产党领导各民主党派、无党派人士、人民团体和各族各界人士在政治制度上进行的伟大创造"②。人民政协在建立新中国、建设新中国、探索改革路、实现中国梦的伟大实践中发挥了重要作用,也为新时代政治建设的持续推进与经济社会的良性发展提供制度支撑。中国共产党的领导是人民政协事业发展进步的根本保证。人民政协提高履职能力现代化水平,必须坚持党对人民政协工作的领导,继承光荣传统,传承初心使命。

在政治引领上,坚定不移走中国特色社会主义政治发展道路,风雨如磐不动摇。推动政协各界别、委员牢固树立"四个意识",增强"四个自信",使党的主张成为广泛共识。坚定不移贯彻执行党关于人民政协的方针政策,把党的重大决策和工作部署贯彻到人民政协的全部工作中去。坚持团结和民主两大主题,扩大包容多样性这个半径,守住政治

---

① 《中共中央关于党的百年奋斗重大成就和历史经验的决议》,载《人民日报》,2021年11月17日。

② 《习近平新时代中国特色社会主义思想基本问题》,人民出版社、中共中央党校出版社2020年版,第234页。

底线这个圆心。在组织建设上，发挥政协党组在政协组织中的领导核心作用。坚持党的集中统一领导与支持政协依据章程履行职能相统一。加强政协系统党的建设，着力解决思想认识不到位、组织设置不健全、政协特点不突出、党员委员作用发挥不充分的问题。推动人民政协吸纳和更新不同领域优秀人才。协助民主党派加强队伍建设，设法消解民主党派同质化发展问题，保持人民政协的社会代表性。

2. 以文化浸润与法规约束相结合激发合作动能

从制度相关人执行制度的意愿与能力看，人民政协制度优势的发挥尚存制约因素。一些领导干部未足够重视人民政协制度的价值和功能。轻视政协和民主党派作用的形式主义、主观主义与本位主义成见仍然存在。对待协商工作"高举轻放"、敷衍塞责，使协商成果落地受阻，影响协商主体积极性。与此同时，部分政协委员履职意愿与能力存在缺失。如主要将政协委员身份看作个人荣誉，不愿花时间和精力作深入调查研究，脱离群众；参政议政素养不高，作风浮夸；履职过程中不愿言、不敢言、不善言。这些都将影响政协工作质量，降低政协委员社会代表性和影响力。

发挥人民政协制度优势需要充分调动协商主体与决策主体两者积极性。一方面，通过精确施教与规范约束双管齐下，强化协商成员履职责任与能力。在对政协委员情况精准分类的基础上开展针对性培训，深化其对自身责任使命的认知，提升工作素质。进一步规范政协委员管理，健全履职情况统计与汇报，作为换届提名的重要参考，履职优秀者应给予表彰和奖励。强化廉洁自律，建立委员履职利益冲突回避机制，制定委员违反政协章程处理办法，探索建立委员退出机制。另一方面，通过思想引领与政绩评价两措并举，增进中共各级干部的协商意识与自觉。通过亲自参与政协工作实践，纠正某些领导干部的错误观念。使之认识到政协工作可以更广泛地与社会各界建立联系,能够促进对决策结果的综合考虑。实事求是地将领导干部对协商成果的采纳和反馈情况纳入绩效考核体系中。倒逼他们树立协商意识,从正反两方面提升各级干部的协商意愿。

3. 以责任清单与精准专业相结合优化协商过程

人民政协制度体系严密性与操作性呈现的非均衡状态是影响制度效能转化的又一障碍。目前人民政协制度中实体性和程序性制度较多,保障性和监督性制度相对缺乏,具体制度和实施细则与基本制度的衔接不够紧密。如人民政协专门协商机构制度与其他类型协商民主制度尚存一些内容重叠或边界不明确之处。在制定新的规章制度时,比较忽视对现有规章制度的改、废、释。上述情况易造成协商泛化与形式化。其次,制度执行存在短板,制度实效与社会影响有待提高。如中共中央发布的《关于加强人民政协协商民主建设的实施意见》中提出"制定委员违反政协章程的处理办法"[①]。但在现实中,政协委员极少由于履职失范而被取消委员资格,使得相关制度面临着有名无实的诟病。

上述问题的应对之策包括:首先,探索建立跨部门协商责任清单制。明确中共各级党委、政府、政协在协商中的职责侧重,设置制度化的协商情形与规范化的协商程序。其次,健全政协、民主党派选题与中共党委、政府命题相结合的协商内容甄选机制。围绕全面深化改革中的重大议题与涉及群众切身利益的问题,坚持重点与日常相结合。第三,通过专业化与精准性的协商方式提升协商效率。灵活开展专题协商、对口协商、界别协商、提案办理协商,探索网络议政、远程问政等新形

---

① 《关于加强人民政协协商民主建设的实施意见》,人民出版社2015年版,第12页。

式。促进政治协商与民主监督、参政议政内容和形式相结合。第四，以制度赋权与规约相结合，实现决策主体与协商主体职责衔接。围绕成果转化制定有约束力的实施细则，适度增加政协、民主党派向决策主体提出协商方案的权力，探索协商意见提级反馈机制。决策主体内部对未经协商而通过的重大决策方案应建立相应惩处机制。对该协商而未协商，协商走过场，协商机制不健全的情况，相关党组织要承担主体责任，政府和政协承担连带责任。

4. 以高位推动与基层首创相结合强化机制创新

从环境因素在制度变迁中的作用看，人民政协制度运行的社会基础与舆论基础仍存在薄弱环节。在创新动力上，政治领导人的意图和精英阶层的推动是人民政协制度发展的主要动力。基层民众的意愿、社会价值观念的变化在政协工作议程设置中所起的作用具有间接性和滞后性。地方政协与民主党派的积极性、创造性未得到全面激发，基层群众在政协建言咨政中的获得感有待提高。在话语建构上，中国协商民主理论的传播力有待加强，政协工作被国内少数舆论认为"不接地气""形式多于内容"，在国际上被污名化的现象亟待改进。

人民政协制度在持续高位推动的同时应更加尊重基层首创，通过机制创新不断厚植社会基础与舆论基础。一方面，关注地方政协与民主党派实践探索，推动统战资源与工作重心下移。将基层"微协商"与党的群众路线、基层党建、基层社会治理、乡村振兴等结合起来。善于从地方政协与民主党派的成功做法中提取优秀经验，通过上级政协和统战部门出台文件使经验得以推广。另一方面，对内规范管理与对外强化引导。围绕建言资政与凝聚共识，公开政协各项工作的标准、流程与动态，健全容错纠错机制，主动接受社会各界对政协工作的意见和监督。与此同时，发挥学界及智库优势，加强对新型政党制度、社会主义协商民主的理论研究与阐释，推进政党外交。对内坚定制度自信，完善话语体系建设；对外传播中国全过程民主的优势，彰显人类政治文明的中国智慧。

本章小结

作为具有中国特色、中国风格的民主形式，社会主义协商民主是中国共产党对民主的中国模式不懈追求的成果与创造。中国共产党十八大概括了社会主义协商民主的基本要义，十九大明确了发展社会主义协商民主的具体要求。与人民政协成立初期的民主协商相比，社会主义协商民主无论在内容还是形式上，都极大地发展了社会主义民主政治。在参与主体上，不仅包括各党派、各人民团体和无党派人士，还注重同广大人民群众的协商。在运行平台上，突破了党际协商和政治协商的范畴，包含了当前社会、经济、文化等各个领域中广泛存在的一切宏观和微观协商形式。在价值追求上，不仅是社会主义民主政治的实现形式，更是中国共产党在新的历史条件下推进国家治理现代化的战略选择。

人民政协走过了70余年的光辉历程，在社会主义民主政治建设中发挥了独特优势，获得了广泛的社会基础和广阔的发展空间。在新时代，人民政协作为社会主义协商民主的重要渠道和专门协商机构，需要承担起经常性的协商任务，体现专门协商机构的水准。发展政协协商，应坚持中国共产党的领导，构建和谐政党关系；推进公民有序政治参与，体现广泛的人民民主；以实现公共利益最大化为目标，坚持共同政治与价值认同；完善政治协商、民主监督、参政议政三项职能，彰显广泛、有序、规范、民本的特点。

下 篇

国外政党理论发展新态势与案例分析

第六章 西方比较政党理论的发展历程与基本特征

西方政党研究自创立伊始便体现出鲜明的比较特征。精英主义范式主导下的政党研究关注政党的权力结构；多元主义范式主导下的政党研究关注政党的功能与行为；社团主义范式主导下的政党研究关注政党适应环境变化的调适与转型。政党与代议民主制度的确立、运行和巩固，构成西方比较政党研究一脉相承的理论主题。西方比较政党研究过于强调西方理论知识的普遍性和一般性。未来中国的比较政党研究应以对中国政党的独特认知为前提，将具有不同事实逻辑的中西方政党纳入到一个共同的学术逻辑之中。这需要在反思、整合前人理论成果的基础上，形成一个新的比较政党研究基础。

比较政党研究即运用比较方法研究政党政治这一特定的政治科学领域。比较政党研究是比较政治学的重要组成部分，它的产生有其理论与现实背景，具有独特的发展优势和潜力。西方政党研究从创立至今，始终体现出鲜明的比较特征。其主要表现为：政党研究的对象通常跨越一国界限，由两国到多国，由西方至非西方；政党研究的方法注重不同实证经验基础上的分类、归纳和总结，以期形成一般性的政党理论；政党研究的价值追求包含着向非西方国家推行西方政党模式的强烈动机,具有明显的意识形态倾向。本章通过文献回顾,梳理了西方比较政党研究的历史脉络、基本议题和主要方法,并为消解中西方比较政党研究理论建构的张力,对构建新的比较政党研究基础和框架进行思考。

一、精英主义视角下的政党权力理论

20世纪上半叶,人类经历了两次世界大战的劫难,遭受了1929年至1933年经济危机的打击和德、日、意法西斯的蹂躏。世界资本主义进入垄断时期,大众社会的来临,迫使资本主义面临改革的需求和压力。这一时期,西方主要国家的政党已建立起较为健全的组织系统,实现了从传统向现代的转型。与此同时,在国家政治生活中,越来越复杂的政治关系和变幻不定的政治现象,失业与贫困、劳资关系、阶级冲突以及日益高涨的民主要求,加重了西方代议制政府的危机。[①] 这种状况使得西方政治学者越来越认识到政党研究的重要性。西方学者对政党进行的政治学与社会学意义上的研究,可以追溯到20世纪初,与现代政治科学基本是同时诞生的。这时的政党研究主要集中于英国、美国和德国等几个主要资本主义国家。从各主要政党的内部权力结构出发,对政党的起源、功能、类型等具有普遍意义的问题进行了比较研究,体现出鲜明的精英主义特点。

精英主义的历史可谓悠久,早在古希腊的柏拉图、亚里士多德那里就有了萌芽。19世纪末20世纪初,欧洲大陆的一些思想家,如意大利学者维尔弗雷多·帕累托、盖坦诺·莫斯卡、罗伯特·米歇尔斯,德国学者马克斯·韦伯等系统地提出了精英理论,成为古典精英

---

① 吴辉等:《西方政党学说史》,时事出版社2015年版,第85—86页。

理论的代表人物。精英理论是从权力在社会中的配置,也就是从社会权力的结构着眼,来解释政治与社会互动,强调精英对社会政治权力的垄断。他们认为在任何社会,无论是传统社会还是现代民主社会当中,都存在人数较少的统治精英。精英虽然在总人口中所占比例极小,但却掌控着社会的绝大部分的稀缺资源,并且联系紧密,内聚力强,因而能够有效地保持手中的权力统治社会。与之相对应的群众即非精英,则是弱势的、无能力的和不负责任的,不能也无需掌握权力。① 精英理论家给我们描述的是一幅简单金字塔形的权力结构,政治与社会的互动演变为权力精英对非精英单方面的统治。现代精英理论发现了这种缺陷,指出社会大众对权力精英的反制力,如美国学者约瑟夫·熊彼特关于民主概念的阐述,认为民主与其说是人民的统治,不如说是一种政治精英的选择机制。② 这一观点指出了非精英的不可或缺性和对权力精英的互动。

精英主义视角在政党研究领域的代表性人物包括米歇尔斯、奥斯特罗果尔斯基、马克思·韦伯等。德裔意大利学者罗伯特·米歇尔斯通过对德国、法国和意大利政党的分析,在《寡头统治铁律——现代民主制度中的政党社会学》中揭示了组织本身寡头的症结问题:现代民主促使了诸如政党等一些组织的出现,随着组织规模的扩大、结构的完善以及组织内部专业化分工的出现,在利益和权力的驱使下,组织的目标逐渐会被精英们各自持有的自利性目标所侵蚀和取代。③ 组织的目标与

---

① 徐炜、曾琼:《西方政治社会学理论模式述评》,载《武汉大学学报(哲学社会科学版)》2006年第6期,第868—872页。

② 蒋英州、程越:《精英民主与社会主义的自然进化——熊彼特的政治思想及其启示》,载《探索》2015年第1期,第58—64页。

③ Robert Michels, et al., *Political Parties: A Sociological Study of the Oligarchical Tendencies of Modern Democracy*, Routledge, 2017, pp.44-48.

追求民主的做法出现了偏离，甚至存在着违背民主的现象。尽管米歇尔斯把组织看成是推动社会变革的强大武器，但长此以往，组织的管理权总是掌握在领袖手中。民主的真谛无论是在理论上，还是在实践中都成了一种虚无缥缈的东西。①

俄国学者奥斯特罗果尔斯基的《民主政治与政党组织》是政党学的第一部专著。通过对英、美两国政党的考察，奥氏认为，美国政治生活中存在一个类似于英国议会党团的，游刃于政党、选民和官僚之间的"政党机器"。这是一个从上到下有等级的延伸的个人集合体，它通过个人忠诚而彼此约束但以唯利是图为目的，只专注于利用政党资源满足自己的利益。② 奥氏认为，政治组织内在的等级特性和政治人物追求个人权力的本性使政党变得专断、集权甚至独裁。③ 英、美两国政党体系表面上实现了民主化，事实上却扭曲了民主政府的实质。"政党所运用的权力是争取自由的产物，这种权力已经不再适合保证自由的利益。这是政党机制存在的所有恶的原因。"④ 为此，他提出打倒政党、扶植联盟。

德国学者马克思·韦伯在考察美、德、英三国政党实践的基础上认为，政党属于权力领域，它们的行动都是以获得社会权力为取向的。领袖、追随者与群众的关系，并非是政治上被动的群众从自身中产生领

---

① Gordon Hands, "Roberto Michels and the Study of Political Parties", *British Journal of Political Science*, Vol.1, No.2, 1971, pp.162-163.

② Moisei Ostrogorski, *Democracy and the Organization of Political Parties*, Vol.2, Macmillan, 1902, p.371.

③ Moisei Ostrogorski, *Democracy and the Organization of Political Parties*, Vol.2, Macmillan, 1902, p.690.

④ Moisei Ostrogorski, *Democracy and the Organization of Political Parties*. Vol.2, Macmillan, 1902, p.651.

袖，而是政治领袖招募追随者，并通过"蛊惑煽动"赢得群众。① 政治领袖必须具备激情、责任感和眼光。② 韦伯断言，社会的民主化与政治的精英化是同时出现的两种互相联系、互为因果的必然现象。民主越是大众化，社会就越是官僚化，而政治精英的作用就越能显露出来，其结果是大众民主加强了政治精英对大众的统治。大众民主的必然结果是"党的领袖尽可能直接地统治"③。

布赖斯和谢茨施奈德同样从精英主义视角出发关注政党组织的权力结构，却得出了与米歇尔斯和奥斯特罗果尔斯基不同的结论。英国学者詹姆斯·布赖斯在《现代民治政体》一书中颂扬了政党对民主制度的重要意义。他认为，职业政客的缺乏，或者换言之，热心于政党事业的政治精英的匮乏，是影响民治政体运转的重要因素之一。强大政党的领袖，对外"要注意全国的舆论"，对内则需要"顾虑同党的意见"。领袖不能有徇私的行为，否则，就会失去"党徒之援助"。④ 在民主制度下，这种少数人的统治绝对不是由一种凭借门第或资产形成的寡头从而行使统治权力，事实上是由那些在机遇与品质上拥有优势的人来进行统治。美国政治学家谢茨施奈德认为，只有通过政党，才能改变"半主权"的民主状态从而捍卫公众自由。他在《政党政府》等著作中提出，应该加强政党权力，发挥全国性政党领袖的卓越才能，通过建立严密的政党制度、严明的政党纪律等措施，真正把权力高度集中在中央和全国

---

① 〔德〕马克思·韦伯：《经济与社会》（下），林荣远译，商务印书馆1997年版，第808页。

② 〔德〕马克思·韦伯：《马克思·韦伯社会学文集》，阎克文译，人民出版社2010年版，第114页。

③ 吴春华：《西方政治思想史第四卷（十九世纪至二战）》，天津人民出版社2006年版，第733—734页。

④ 〔英〕詹姆斯·布赖斯：《现代民治政体》（上），张慰慈等译，吉林人民出版社2001年版，第122—128页。

代表大会①，建立责任政党政府，只有这样才能遏制美国两党分裂和政治分裂的倾向。

整个20世纪上半叶，西方政党研究主要是围绕着政党的组织权力及其运行是否有利于西方代议民主制度的激烈争论而开展的。真正意义上的政党研究尚处于起步阶段，对西方政党的分析逐步摆脱了20世纪之前，以亨利·博林布鲁克、大卫·休谟、爱德蒙·伯克等人为代表的，主要从哲学层面对政党善与恶价值的冗长探讨，和对单个国家政党的简单描述。跨越一国范围的学理性和规范性的政党研究开始涌现。受这一时期西方政治学和社会学主流的精英主义范式的影响，各主要国家政党的组织结构，特别是政党内部权力分配首先引起了学者们的关注。

这一时期西方资本主义国家的内外环境，也决定了政党研究的主题。意大利和德国的法西斯主义、俄国的共产主义，都使欧洲资本主义国家面临着一种选择，以政党和议会来取代已经以及有可能变成独裁的一党制。各国政党竞争中存在的弊病——党派攻讦、贿赂选举、捐客现象等——也加重了西方代议制政府的危机。左翼和右翼均断言，议会制度的弊端应归罪于向议会派送政客的各个政党。② 在这一背景下，西方学者把关注的重点放在政党与民主的关系上，探讨政党在民主政治中的作用也就不足为奇。总之，20世纪上半叶是西方政党学说的创立时期，在西方政党学说史上起着承前启后的作用。

---

① 〔美〕谢茨施耐德：《政党政府》，姚尚建等译，天津人民出版社2016年版，第199—202页。

② 〔意〕萨尔沃·马斯泰罗内：《欧洲政治思想史》，黄华光译，社会科学文献出版社1998年版，第481页。

二、多元主义视角下的政党行为理论

20世纪50年代至70年代,西方绝大多数国家的政党获得快速发展,大多数国家进入政党的重建与恢复时期。政党的作用大大增强,在国内外的活动日益频繁,政党体制趋于完善,政党政治主导了国家政治及社会生活的各个方面。这一阶段可以称得上是西方政党发展史上的高峰时期。第二次世界大战(以下简称"二战")后政党活动和政党体制的发展,为西方政党研究提供了丰富的实践素材。有关政党和政党体制的一些基本概念得到了界定,大量的理论假设被提出并得到了广泛而深入的讨论。西方政党研究掀起了一个高潮,形成了政党学的基本框架。以政党作为政治生活的主体,考察政党的结构与功能,揭示政党的行为模式及其社会根源,成为这一时期西方比较政党研究的基本特征,这些研究体现出鲜明的多元主义范式。

多元主义是一种复杂的理论综合体,是在批判精英理论的基础上建立起来的,主要代表人物包括罗伯特·达尔、尼尔森·帕斯拜、大卫·瑞斯曼和阿诺德·罗斯。多元主义更适用于多元化的、不同种族的和竞争的社会,而非传统的、独裁主义的社会。在西方政治思想中,多元主义起源于亚里士多德的《政治学》以及亚历克斯·托克维尔的论著中。多元主义认为,权力既非集中于某一阶级之手,也非为少数精英所掌握,而是充斥于整个社会之中。社会上各种各样相互竞争的利益集团都可以拥有权力。政治可以看作是这些利益集团的"竞技场"。权力资源和权力中心是多元的,任何个人或群体都不可能掌握社会的所有权力,各种各样的社会机构、社会团体,都可以形成权力中心。[①]

---

① 刘欣:《新政治社会学:范式转型还是理论补充》,载《社会学研究》2009年第1期,第217—229页。

多元主义承认精英的作用，但否认整体的权力精英的存在。精英是功能上的和特定化的，他们的需要与其他群体和阶级的需要相冲突，各利益群体以不同的和相互交叉重叠的选民为代表；冲突是存在着的，但也是可以在社会体系内部得到解决的。当代资本主义的国家并不能偏袒某一阶级，而是充当着调停人的角色，是各种社会利益的调节者。通过调节，国家使相互竞争、冲突的社会力量得以相互妥协、合作。政治决策是政府行政部门试图调和竞争的利益群体之需要的结果，社会大众不可能直接参与政治，而是通过成为利益群体的一员参与政治，从而以社会制约政治权力。

多元主义见诸政党研究，始于法国学者莫里斯·迪韦尔热构建一般而完整的政党理论的尝试。迪韦尔热肯定了政党对于民主制度的积极作用。认为具有复杂组织结构和群众特征的现代政党是必要的政治组织。在政党竞争的条件下，某些真实的自由是可能实现的。政党政府的深刻意义并不在于民有和民治政府，而是从民众中产生的精英治理的民有政府。[①] 他在收集充足经验证据的基础上，从理论上阐明西方政党的基本特征、结构和战略。在《政党》这部代表作中，他的研究分为两部分。一是政党组织，着重区分了干部党和群众党两种政党结构及其行为。群众党从政治上和经费供给上把招募成员作为根本的政党活动；干部党主要是组织显要人物准备选举，通过挑选权势人物、专家、资助人来获得群众党通过党员所获得的一切。干部党大部分属于议会内起源的政党，自下而上发展，组织比较简单和松散，中央机构权力受到限制，议员在党内发挥了重要作用。[②] 群众党则属于议会外起源的政党，自上而下发

[①] Maurice Duverger, *Political parties: Their Organization and Activity in the Modern State*, Methuen, 1959, pp.393-395.

[②] Maurice Duverger, *Political Parties: Their Organization and Activity in the Modern state*, Methuen, 1959, pp. xxiii-xxxviii.

展，形成了多层而紧密的组织结构，中央机构权力比较集中，议员影响很小。

二是政党制度，迪韦尔热首次提出了政党制度的概念，认为政党制度是政党之间共存的方式，是许多复杂因素共同作用的产物。其中阶级结构、意识形态和选举制度是三个普遍而重要的因素，意识形态在某种程度上对应着阶级态度。在迪韦尔热之前，几乎没有人注意到选举制度的作用。而他提出，简单多数选举制是两党制的充分必要条件，比例代表制和两轮多数制有利于多党制的形成，前者成为著名的迪韦尔热法则。他还总结了政党制度的交替、稳定分配、左倾运动和主导四种发展类型，正常演变和突变两种发展形式，认为这些变化与选举制度对民意的转化密切相关。① 在不同的政党制度下，政党力量的强弱也呈现出不同特征，导致政党不同的政治心理和行为。

20 世纪六七十年代流行的结构功能主义理论和理性选择理论均可视为构建政党总体理论框架的尝试，使有关政党行为的研究不断深化。结构功能主义认为，在西方国家的政治体制中，政党是利益代表和整合功能的重要承担者，是政治社会化、政治录用和政治沟通功能的重要承担者，可以以此为基础对政党基本概念进行界定，并提出基本的理论命题。作为政党研究领域结构功能理论的代表，意大利学者乔万尼·萨托利的政党学著作《政党与政党体制》是继迪韦尔热之后创立系统的政党学说的又一次重要尝试。他将政党本身作为独立变量来解释政治现象，认为政党不仅是社会与政府之间的核心中介组织，而且政党本身构成了一种体系，它们相互影响，形成一种机制，提供奖惩。其绵长的过程，足以说明不同类型政党政治的不同绩效，政党与政党制度可以超越

---

① Maurice Duverger, *Political Parties: Their Organization and Activity in the Modern State*, Methuen, 1959, pp.290-312.

其所反映的政治主张，塑造政治社会。萨托利把政党和宗派区分开来，认为政党是整体的一部分，为整体的目标服务，而宗派只是为自己的一部分人服务。① 萨托利对划分政党体制的标准进行了深入研究，认为政党体制不能简单地划分为一党制、两党制和多党制。他提出了相关政党的概念，为政党体制的细分提供了可能。萨托利分析了政党及政党体制的结构和功能，认为政党是部分的代表，其主要功能是利益表达；政党体制则是通过政党之间的有序竞争，达到一种利用表达和综合的均衡，维持政治体系的稳定。

政党研究中理性选择路径的开创者是美国学者安东尼·唐斯。在其代表作《民主的经济理论》中，唐斯将现代经济学的一般均衡方法运用到政治科学的研究之中，把经济学中基本的"理性人"假设引入对政党行为的实证研究，分析西方民主制度背后的理性实质，提出政党竞争的空间理论，在经济学和政治学之间建立了一种统一性。唐斯提出两大假设：一是政党竞争源自政治代表对自身当选或连任目标的自利性追求；二是选民投票完全基于投票者对自身利益的考量，即选民并非选择最好或最擅长执政的政党，而是选择最能代表其个人利益的政党。② 唐斯将霍特林模型运用于政党竞争，假定政党竞争中只存在两个政党，同时假定选民在两个政党之间的选择只取决于政党与自己在意识形态上的距离，也就是说选民投票支持在意识形态上与自己接近的政党。那么，竞争将使两个政党向中间投票人的位置移动，以便在保持自己原来选票的同时争取更多的选票。唐斯的中间选民定理认为，在两党制中，因为在选举中出于中间标度可以同时吸引左右两边的选民，政党表达施政纲

---

① 〔意〕乔万尼·萨托利：《政党与政党体制》，王明进译，商务印书馆2006年版，第52页。

② 〔美〕安东尼·唐斯：《民主的经济理论》，姚洋等译，上海人民出版社2017年版，第1—3页。

领要尽可能处于中心位置。① 唐斯定律对两党制中两党政策趋同具有强大解释力。

关注政党行为的社会根源,也是这一时期西方政党研究成果的重点。美国学者西摩·马丁·李普塞特和挪威学者斯坦·罗坎在《政党体制与选民结盟》等著作中提出了"社会分化"概念、政党社会结盟理论和政党体制定型化假说。"社会分化"概念源自两位学者对欧洲四个世纪的发展所做的比较分析,他们总结出四种核心的社会派系结构:中心与边缘、国家与教会、土地与工业、所有者与工人。这四种传统社会分化的产生、发展与互动左右着欧洲政党政治的发展。他们认为在现代民主制度中,不同群体间的冲突都是通过政党表达的,政党基本上相当于一种"把阶级斗争民主化的媒介"②。社会分化及其衍生的利益冲突,随着选举权的逐渐普及扩大而在政治上寻找出路,政党就成为社会分化的政治代言人。选民的选票取决于哪个政党能代表自身的社会地位并合理表达他们的利益。

在"社会分化"概念的基础上,两位学者考察了西欧政党与社会集团结盟的现象,认为选民会选择与能反映其利益的政党结成较为稳定的联盟。在整体社会动员的背景下,群众型政党逐步与特定社会阶级或阶层结成紧密的联盟关系。③ 在此基础上,他们提出了西欧政党定型化假说,认为20世纪60年代以来的西欧政党体制基本上仍然反映出20世纪20年代的社会分化结构。早在那时,西欧的政党体制就已经定型

---

① 〔美〕安东尼·唐斯:《民主的经济理论》,姚洋等译,上海人民出版社2017年版,第45—46页。

② 〔美〕西摩·马丁·李普塞特:《政治人——政治的社会基础》,郭为桂译,江苏人民出版社2013年版,第187页。

③ Seymour Martin Lipset and Stein Rokkan (eds.), *Party Systems and Voter Alignments: Cross-national Perspectives*, Vol.7, Free Press, 1967, pp.115-325.

了,后来出现了一些微小的变动,但并不会带来太大的影响。[1] 他们运用政党定型化假说分析指出,政党体制的定型化推动了欧洲选民行为模式的稳定性。

总体而言,这一时期的西方政党理论研究涵盖了以下主要方面:一是政党个体,包括政党的起源和发展、政党的定义和特征、政党的组织与功能、政党组织形态与政党类型等。二是政党体制,包括划分政党体制的标准、政党体制的类型等。三是政党与社会,包括政党的社会基础、政党与选民、政党与社会团体等。四是政党与政权,包括政党如何进入政权、运作政权等。受行为主义研究方法和发展中国家政治运动的影响,西方比较政党研究也出现了一些新的特点:一是对政党学的一些基本概念进行了学理化的探讨;二是描述性分析和定性分析占据了突出地位;三是研究样本数量的增加,包括对欧美发达国家以外的地区给予了更多重视。

三、社团主义视角下的政党转型理论

进入20世纪80年代后,西方政党的运行环境仍处于持续的变化之中。首先,社会结构的变化导致公众对政党及其赖以获取资源的大规模群众性组织的依附进一步减弱。其次,选民的意识形态倾向和政治参与方式更趋多样化,导致他们对政党的认同进一步被削弱。再次,科学技术的发展使媒体的作用日益凸显。概而言之,西方政党的组织化水平日益下降,与社会相联系的程度也进一步降低,这与过去一个半世纪以来西方政党的发展轨迹是背道而驰的。与此同时,政党通过加强他们与国

---

[1] Seymour Martin Lipset and Stein Rokkan (eds.), *Party Systems and Voter Alignments: Cross-national Perspectives*, Vol.7, Free Press, 1967, pp.65–129.

家之间的联系,不仅弥补了自己的损失,获得了维持生存所必须的资源;而且加强了对政权的掌控,在整个政治体制中的重要性进一步彰显。[①] 从20世纪80年代开始,西方学术界放弃了构建统一的、包罗万象的政党理论框架的雄心勃勃的尝试,转而从事中层理论研究,试图通过对政党的一些特定方面进行演绎和归纳,从不同的视角逐步揭示政党的本质。西方政党与社会日渐疏远,它们同政府之间关系的重要性凸显出来,并且在20世纪80年代之后西方学者的著作中得到了体现。这一时期的政党研究回答的问题是,政党在挑战和变化面前如何表现出强大的适应能力,因此可以被概括为政党转型研究,而社团主义是这一时期政党研究依托的主要理论范式。

社团主义亦称为法团主义、合作主义,自20世纪70年代以来得到广泛传播,成为近年来西方政治学理论中有别于多元主义的一大理论流派。法团主义关注国家和公民社会之间的关系,是"对国家和社会功能组织间常规性互动体系的概括","它认为国家是影响利益构成和团体作用的决定性力量,应当寻求在利益团体和国家之间建立制度化的联系通道"。[②] 法团主义认为,根据国家与社会力量的对比,有两种不同的法团主义安排,即国家法团主义和社会法团主义。前者代表一种自上而下的组织关系,国家的作用是居于主导地位的,部分发展中国家特别是拉丁美洲属于这种类型;后者指的是一种自下而上的组织关系,其中社会力量主导着关系的秩序,西方国家属于该种类型。可见二者的区别主要体现在主导权力在国家和社会组织间的分布不同,法团主义强调国

[①] 向文华:《西方全方位政党理论:争论与评价》,载《教学与研究》2018年第8期,第90—99页。

[②] 张静:《政治社会学及其主要研究方向》,载《社会学研究》1998年第3期,第15—23页。

家与社会团体间的合作。① 社团主义模式是基于一方是社团和另一方是国家利益的讨价还价的过程。权力既不是多元主义的,也不是集中的,但是在整个阶级组织内是多个中心的。

社团主义在解释政治与社会的互动上显然不同于精英理论和多元主义。在精英理论和多元主义的视野中,政治(国家)与(市民)社会之间的界限是明晰可见的。在精英理论那里,铁板一块的精英集团显然等同于国家;在多元主义者的眼中,利益群体独立于国家之外,并通过"走廊议员"等从外部对之施加影响。但是,在社团主义的模式中,获批准的功能团体与国家之间建立了一种制度化的合作关系,国家允许获批准的功能团体进入公共政策的决策过程,国家与获批准的功能团体共同协商出台公共政策,而相应的获批准的功能团体亦有义务在自己的领域贯彻该项公共政策,故而国家与社会的分野不再明显。因此,有学者将社团主义模式称之为政治与社会并重模式。

法国学者让·布隆代尔为推动西方政党与政府关系的研究作出了突出贡献。在与科塔共同主持编写的《政党与政府》和《政党政府的性质》两本著作中,他着手创造了研究西方政党与政府关系的理论框架,主张从职务任命、政策制定和政治恩赐三个方面,在"互相独立"和"相互依赖"两个维度上开展研究。他考察了包括欧美主要国家和亚洲的印度在内的11个国家,以丰富的实证研究材料使自己的理论成果得到了坚实的支撑。布隆代尔并不满足于阐释政府对政党的反作用,而是进一步指出政府同样是政党的组成部分之一,政府对政党影响力的增强,表明"政府中的政党"正在获得对于政党其他组成部分的优势地

---

① 高奇琦:《国外政党与公民社会的关系——以欧美和东亚为例》,中央编译出版社2011年版,第69—71页。

位，其根源则可追溯到政党与社会的疏远。① 至此，布隆代尔已经为从政党与政府关系的角度探索当代西方政党的发展变化奠定了坚实的理论基础。

全面揭示当代西方政党变化的原因、过程并预测其发展趋势的任务是由理查德·卡茨和彼得·梅尔来完成的。他们较早地注意到了政党与国家的关系问题，卡茨在1987年就大胆地宣称，政党的本质在于其拥有进行统治并为之承担责任的目的和意愿。从20世纪90年代初开始，卡茨和梅尔对政党与国家的关系进行了集中阐释。与布隆代尔相比，他们的研究更加全面和深入，不仅探讨了政党与国家关系加强的种种表现（尤其是国家给予政党的公共财政补贴），而且将政党与国家关系的变化同政党与社会的关系以及政党组织的变化结合起来，并将其置于西方政党自诞生至今的全部历史变迁之中，使西方政党发展演变的线索完整、清晰地呈现在我们面前。② 政党与国家的关系成为20世纪90年代后西方学者政党研究中的热门话题，国家在当代西方政党的生存和发展中的重要性得到了充分的肯定。

20世纪90年代初，卡茨和梅尔在对西方政党的组织进行了深入研究的基础上，提出西方政党具有"三副面孔"：公职机构中的政党、中央机构中的政党和基层政党三个部分的集合体。他们从政党组织的"三副面孔"的视角，对西方政党发展史上存在过的干部党、群众党和全方位党三种模式进行了解读，指出全方位党的发展必然导致一种新的政党组织模式"卡特尔党"的诞生，这类政党立足于国家，依靠政府

---

① 〔法〕让·布隆戴尔、〔意〕毛里奇奥·科塔:《政党政府的性质：一种比较性的欧洲视角》，曾淼、林德山译，北京大学出版社2006年版，第117页。

② Richard S. Katz and Peter Mair, "Changing Models of Party Organization and Party Democracy: The Emergence of the Cartel Party", *Party Politics*, Vol.1, No.1, 1995, pp.5–28.

提供的资源维持自身的生存和发展，公职机构中的政党因而成为党的"三副面孔"中处于支配地位的一面，中央机构中的政党则变成了它控制和影响"基层政党"的有效手段。卡茨和梅尔以政党组织三副面孔作为分析工具对西方政党发展演变历史的考察，描述了不同组织模式的政党在国家与社会之间位置变化的情况，既阐明了当代西方政党依赖国家资源维持生存和发展的事实，回应了20世纪六七十年代政党危机论者的困惑，又揭示了西方政党逐渐疏远社会的变化趋势，指出了这些政党面临着合法性削弱乃至丧失社会影响力的危险，对当代西方国家的政党政治具有很强的解释力。

总体而言，20世纪80年代以来，对政党开展的跨国、跨洲乃至世界范围的比较研究成果，以及从意识形态、组织结构、政策策略等多个视角来考察政党的起源、历史和现状的综合性研究成果也比过去数量更多、质量更高。这些都标志着西方政党学说的发展又进入了一个新的更高阶段。除了上述学者，这一时期西方比较政党研究的成果不胜枚举，如瓦滕伯格以美国政党为例，对20世纪后半叶18个西方发达资本主义国家政党的发展变化进行的探讨，分析了西方国家选民的政党认同问题，重点探讨了"政党衰弱"问题。[①] 2006年由卡茨和克罗蒂主编，48位有影响的政党学者参与撰写的《政党政治研究指南》，是西方政党学研究的最新成果。它涵盖了政党的定义、政党的功能、政党组织、政党与社会、政党与国家、未来的政党等六大类、45个专题的政党理论问题，是迄今为止内容最为全面的西方政党学说综合文献。[②]

[①] Martin P. Wattenberg, "The Decline of Political Partisanship in the United States: Negativity or Neutrality?", *American Political Science Review*, Vol. 75, No. 4, 1981, pp.941–950.

[②] 参见〔美〕理查德·卡茨、〔美〕威廉·克罗蒂：《政党政治研究指南》（上册），吴辉译，江苏人民出版社2020年版，第1—8页。

虽然西方学者的政党研究时至今日仍存在不少缺点（如对支撑政党理论发展的一些基础性的概念、术语和操作性指标仍未达成一致意见，建立在系统的比较研究基础上的理论发展不足，可验证的假说缺失，对一些关键现象的解读存在着争议等），但不仅实证研究取得了丰硕的成果，而且理论研究大大落后于实证研究的状况也在一定程度上得到了改善。

四、对西方比较政党理论的反思

西方比较政党研究传递出这样一种学术信心：他们的政党理论能够指涉作为社会事实存在的各种形式的政党及其活动。不过，在作出了政党政治的普适性解释之后，学者们似乎忘却了他们当初的学术信心。当学者们在构筑关于政党的知识体系时，当他们讨论作为一种经验的政党时，他们表现出来的似乎是狭隘的经验，这种狭隘性体现在时间、空间和对象上。西方学者并非没有对非西方国家的政党问题进行过有创建性的论述，如萨托利认为在一党制的情况下，政党仍然发挥着政治沟通的功能，但这种沟通主要是自上而下的，而不是自下而上的，主要表现为政治控制，而不是利益表达。[1] 美国学者拉帕隆巴拉和韦纳关于政党产生根源的论述，关于现代化与政党关系的探讨，关于竞争体制和非竞争体制的明确划分，以及提出用"轮流—霸权""意识形态—实用主义"等尺度衡量政党竞争的状态等，都综合了世界上不同类型政党的特点。[2] 美国学者塞缪尔·亨廷顿在《变革社会中的政治秩序》一书中对一党制在推进发展中国家现代化进程中的作用予以充分肯定，认为一党

---

[1] 〔意〕乔万尼·萨托利：《政党与政党体制》，王明进译，商务印书馆2006年版，第63—66页。

[2] 吴辉等：《西方政党学说史》，时事出版社2015年版，第163页。

制之所以对发展中国家有吸引力,是因为能首先满足政治稳定的要求,而政治稳定是一切发展的前提。① 但这些研究本质上仍是西方中心论的产物,没有揭示政党产生与发展过程中的根本性差异。

西方比较政党研究过于强调西方理论知识的普遍性和一般性。西方政党的起源是民族国家建构已然完成的西方社会。西方学者的经验领域是西方代议制民主运行环境下的政党政治。因此,他们建构的知识与他们所处社会中经验性的政党组织具有天然的亲和力。当人们用这些知识体系中的知识点去理解西方的社会组织时,一切都显得恰如其分:符号中的政党和现实中的政党具有良好的对应性。尽管它已经发展成为包括政党起源、政党地位和功能、政党组织、政党类型、政党体制、政党与社会、政党与政府等内容的综合研究领域。但毋庸置疑的是,政党与代议民主制的确立、运行和巩固始终是贯穿于西方比较政党研究的理论主题,并由此形成两个主要观点:一是政治发展的路向是从权威体制到民主体制;二是政治转型的核心是竞争性政党体制的建立。其中预设的政治价值是,西方的自由民主是最好的,人类社会中的其他政治制度最终都要转向西方的自由民主制度。在这一政治价值支配下,西方学者以西方代议民主制度为标尺,对世界各国的政党制度进行类型学划分,试图对其他国家的政治发展进行价值和观念上的规制。套用西方政党理论分析中国政治实践,必然会产生严重的适用错误问题。一些国外学者使用一党制或霸权党制等西方概念来指称中国的政党制度,这些指称有明显的意识形态特征和西方理论简单化运用的色彩。中国政治发展的目标也不是西方的自由民主制度,中国政治发展的目标是完善社会主义政治制度体系,巩固自身的制度特色与优势。

---

① 〔美〕塞缪尔·亨廷顿:《变化社会中的政治秩序》,王冠华等译,上海人民出版社2008年版,第352—356页。

各政治体系之间在多大程度上具有可比性？比较的标准是什么？可以在哪些方面进行比较？比较的目的是什么，如何运用比较研究的成果？这些问题都是比较政治研究的技术性、方法性问题，也是不可回避与忽视的理论问题。① 首先是可比性的问题，是不是在任何两个政党或政党体系之间的比较都是可行的。如果说这种国别比较是可行的，那么它的理论假设就是，没有任何一个国家是特殊的。之所以可以比较，是因为比较对象之间具有某种程度的相似性。而找到两种层次，即能使它们区别开来的层次和能使它们归于同一范畴的层次，是衡量两个政党体系是否具有可比性的关键所在。第二个问题是分类及分类标准的问题。对政治模式进行分类所体现出的效果要看两个因素：一是每个民族国家能否被毫不含糊地放置在一个以及唯一一个门类之内；二是在这样的安排下，对一个国家的分类能否与某个变量或度量有机关联。② 在进行定义和分类时，要能把所有的对象都纳入到所列出的类别总体当中，同时，有符合某种类别条件的对象存在，又并不是所有的对象都符合归于此类的条件。第三个问题是比较研究时应该在哪些方面进行比较的问题。如对政治体系的各种模式的情境因素、决策结构和过程、政策结果在特定体系内是如何相互影响等方面进行比较，借此来关注所考察的政治体系中的模式和发展趋势，以及这些体系运行所处的情境。

  对于中国学者来说，中国的政党应该成为我们分析的当然关注对象和分析背景。事实表明了我们必须立足于中国政党来展开研究的重要性，这个事实就是中国政党研究当下对象的特性与西方政党研究所面对的"当下"对象特性有着总体性殊异。如果仅仅是运用现有西方政党

---

  ① 欧阳景根：《比较政治学的理论困境与发展前景》，载《社会科学》2005年第3期，第41—45页。
  ② 〔美〕劳伦斯·迈耶等：《比较政治学——变化世界中的国家和理论》，罗飞等译，华夏出版社2001年版，第26页。

研究的理论来研究中国的政党组织，就会"削足适履"，丧失关于中国政党认识的真实性和有效性。毫无疑问中西方政党间的差异是巨大的，但这是否意味着两者间的比较缺乏基础或者价值有限呢？答案显然是否定的，政党政治作为当前世界范围内几乎所有国家的政治运行方式，对政党政治进行比较研究，不仅是了解一国政治发展状态，开展国家间政治交往的需要；也是正确认识本国政党，更好服务于治国理政的需要。树立正确开展比较政党研究的学术自觉，成为中国政党研究的当务之急。

所谓的学术自觉具有两个层次。第一个层次是在意识到中国政党和西方政党之间不同的事实逻辑的前提下研究中国政党。第一个层次的学术自觉的成果就是关于中国政党的独特认知。一些有学术洞见的学者，既包括中国学者，也包括西方学者，他们各自作出了令人钦佩的努力，正是这些努力鼓舞起后来者深入探究的勇气。关于中国政党研究勃兴于中国改革开放之后，如在与西方政党进行比较研究时，国内政治学者较为集中的一个视角是"党建国家"理论。[①] 从中国现代国家建构的历史进程与具体情境出发来研究中国政党的行为逻辑的，不同于国外学者的研究多是从中层理论的角度，探讨既定政治环境中政党的运行。还有学者对中西方政党模式竞争与合作二元对立的观点进行了反思。[②] 上述研究贡献了关于中国政党的有智慧的解释。不过这些研究在其知识的体系化，特别是如何与西方政党研究纳入统一的知识体系中进行对话，尚须进一步的积累和打磨。学术自觉的第二个层次是如何将具有不同的事实逻辑的政党纳入到一个共同的学术逻辑之中。在经验研究领域，面临不

[①] 任剑涛：《以党建国：政党国家的兴起、兴盛与走势》，载《江苏行政学院学报》2014年第3期，第73—86页。

[②] 张春满：《中西政党政治的实践、研究范式和方法：一个理论反思》，载《经济社会体制比较》2019年第5期，第126—137页。

同的事实逻辑以及研究者的研究背景的差异，研究的学术逻辑就会出现明显差异。如西方政党理论认为，制度化竞争是代议民主条件下政党政治的理想状态。至少在政党政治理想状态的把握上，中国与西方的研究是不同的，全面有效的领导、密切联系群众、富有活力的合作与协商才是中国政党政治的理想状态。只有将这两种学术逻辑统一起来才算是完成了第二个层次的学术自觉。这种自觉必须依靠在比经验研究更抽象的理论建构内完成，它不是要割裂和摈弃已有的关于政党的理论认识和已有的一般政党理论，它是在反思、整合前人的理论成果的前提下，提炼和创建能够普适于两种事实逻辑和学术逻辑的那些理论元素，"这个重新理论化的过程就是发展新分析框架的过程"①。

---

① 李辉、熊易寒、唐世平：《中国比较政治学研究：遗憾和可能的突破》，载《经济社会体制比较》2013 年第 1 期，第 138—151 页。

第七章　欧美政党模式的新演进：
以利基政党理论为例

利基政党理论是 21 世纪以来西方政党研究的最新成果。利基政党的概念及其相关共识与争鸣，是对欧美国家政党发展新态势的描绘与概括，也是对西方政党学说的反思和创新。利基政党理论的价值体现为：首先，利基政党概念的提出赋予西方选举政治中的非主流政党以明确意涵与清晰界定，丰富了政党类型学理论。其次，利基政党参与政党竞争呈现出"议题优先"与"意识形态优先"两种研究路径，反映出传统政党竞争范式的式微。第三，利基政党与社会的关系兼具"再结盟"与"解盟"双重模式，表明政党与社会的紧密共生是一个动态变化的过程。第四，利基政党的发展前景存在着向全方位政党转型还是保持固有特征的讨论，凸显了政党治理诉求与治理能力间的缺位。利基政党理论今后的发展方向主要包括概念的凝练、对象的拓展与视野的平衡。

对政党政治现实进行合理解释和有效预测，是西方政党理论的价值指向与创新动力。过去 15 年间，西方学术界围绕绿党、极右翼政党等不同于传统中左、中右政党的非主流政党在选举政治中的集体性崛起，提出了利基政党（niche party）概念，并开展了持续而系统的研究。初步构建起回应西方政党政治新变化的理论框架,成为继全方位政党和卡特尔政党理论后,西方政党研究的又一重要成果。① 本章在梳理相关文献的基础上,从概念界定、政党竞争、社会回应、发展前景等方面对西方利基政党理论的内涵与价值进行分析。

一、利基政党的概念界定及其类型学意义

对政党进行分类是开展政党研究的基础。按照理查德·卡茨(Richard Kate)和彼得·梅尔(Peter Mair)的观点,20世纪下半叶以来,西方国家的主要政党已相继进入全方位政党和卡特尔政党时代。全方位政党的主要特征是意识形态中间化,组织规模趋于缩小,政党向所有阶层开放,将选举作为一种职业。卡特尔政党比全方位政党更加强调与国家的结合。② 与这些理论描述相对应,许多具有上述特征的政党在欧美各国选举政治中确立了主导地位,从而构筑起西方政党的主流模式,这似乎也预示着西方政党发展的未来。奥托·基希海默尔(Otto Kirchheimer)曾预测,当人型政党转向全方位政党后,小型政党会逐渐消失。③ 对此,加加·斯普恩(Jae-Jae Spoon)、克里斯托弗·艾伦

---

① 据笔者初步统计,截至2019年底,已有超过30篇关于利基政党的专题论文发表于《政党政治》(*Party Politics*)、《西欧政治》(*West European Politics*)、《美国政治学杂志》(*American Journal of Political Science*)等西方主流政治学期刊;国内近期亦有学者关注到这一主题,如张春满:《政党概念的"大西洋分歧"与利基政党对传统政党概念范式的冲击》,载《国外社会科学》2019年第5期,第85—92页;向文华:《西方利基政党类型理论述评》,载《教学与研究》2020年第3期,第100—112页。

② Richard S. Katz and Peter Mair, "Changing Models of Party Organization and Party Democracy: The Emergence of the Cartel Party", *Party Politics*, Vol.1, No.1, 1995, p.18.

③ Otto Kirchheimer, "The Transformation of the Western European Party Systems", *Political Parties and Political Development*, No.6, 1966, p.190.

(Christopher S. Allen)等学者提出了不同看法。他们认为，全方位政党过于强调中间选民，可能使部分传统支持者倒向那些表达极化意识形态的政党。① 政治现实的发展证明了这种质疑的合理性。

1. 利基政党概念的提出

20世纪70年代以来，一些区别于全方位政党和卡特尔政党的非主流政党在欧洲政坛上愈加活跃，如法国国民阵线、英国独立党、德国海盗党、奥地利绿党等。后现代和后物质主义价值观、选举制度与政府形式、以互联网和新通讯技术为代表的科技进步成为解释它们兴起的主要原因。② 这些政党在纲领政策、意识形态、选民动员等方面与主流政党大相径庭，它们正得到越来越多的选票，进入各国立法机构，甚至成为持续影响一国政党格局与执政联盟的关键角色。西方学者试图对这些政党进行类型学概括，从而在整体上把握其特征和规律。如依据政治诉求定义为新政治政党③，依据政党起源定义为运动型政党④，依据关注议题数

---

① Jae-Jae Spoon, "Holding Their Own: Explaining the Persistence of Green Parties in France and the UK", *Party Politics*, Vol.15, No.5, 2009, pp.615–634; Christopher S. Allen, "'Empty Nets' Social Democracy and the 'Catch-All Party Thesis' in Germany and Sweden", *Party Politics*, Vol.15, No.5, 2009, pp.635–653.

② Matt Golder, "Explaining Variation in the Success of Extreme Right Parties in Western Europe", *Comparative Political Studies*, Vol.36, No.4, 2003, pp.432–466; Ferdinand Müller-Rommel, "The New Challengers: Greens and Right-wing Populist Parties in Western Europe", *European Review*, Vol.6, No.2, 1998, pp.191–202.

③ Simon Hug, "Studying the Electoral Success of New Political Parties: A Methodological Note", *Party Politics*, Vol.6, No.2, 2000, pp.187–197.

④ Herbert Kitschelt, "Movement Parties", *Handbook of Party Politics*, No.1, 2006, pp.278–281.

量定义为单一议题政党①,依据相对得票份额定义为小型政党②。但上述分类都无法最大程度体现这些政党的共性,特别是解释它们在选举竞争中成功的原因。对研究瓶颈突破的努力,催生了利基政党概念的形成。

英语和法语中利基(niche)一词的含义是:(1)壁龛、缝隙;(2)适当的位置或恰当的处所。它表述的是存在一个位置空缺,该空缺必须由特定的物件来占据。③利基概念最早在生物学、市场营销学等领域得到运用,并于20世纪90年代末进入政治学领域。利基政党的概念出现于21世纪初,其含义本质上与其他领域中的利基概念类似,表明一个政党系统内部存在不同的功能位置,一些狭小的功能位置只能由特定的政党来占据。

邦妮·梅吉德(Bonnie M. Meguid)最早提出利基政党的概念。她从三方面概括了利基政党的特征:第一,关注经济领域之外,被传统政党竞争忽略的新兴议题;第二,超越既有政治分野,社会基础打破旧的党派忠诚;第三,聚焦有限议题,主要依靠议题的显著性凝聚支持。④詹姆斯·亚当斯(James Adams)在稍晚的研究中,将利基政党等同于具有非中心或极端意识形态立场的政党。⑤尽管梅吉德和亚当斯对利基

---

① Cas Mudde, "The Single-issue Party Thesis: Extreme Right Parties and the Immigration Issue", *West European Politics*, Vol. 22, No. 3, 1999, pp. 182-197.

② Ferdinand Müller-Rommel and Geoffrey Pridham, *Small Parties in Western Europe: Comparative and National Perspectives*, Sage Publications Ltd, 1991.

③ 季明、安毅:《自然选择的目标问题——兼谈生态龛概念的哲学意义》,载《自然辩证法研究》1992年第8期,第32页。

④ Bonnie M. Meguid, "Competition between Unequals: The Role of Mainstream Party Strategy in Niche Party Success", *American Political Science Review*, Vol.99, No.3, 2005, pp.347-348.

⑤ James Adams, et al., "Are Niche Parties Fundamentally Different from Mainstream Parties? The Causes and the Electoral Consequences of Western European Parties' Policy Shifts, 1976-1998", *American Journal of Political Science*, Vol.50, No.3, 2006, p.513.

政党的理解存在差异，但他们都依据克劳斯·冯·贝梅（Klaus von Beyme）的政党家族理论①，在利基政党与特定政党家族间建立起对应关系。

马库斯·瓦格纳（Markus Wagner）和托马斯·迈耶（Thomas M. Meyer）对梅吉德的定义进行了简化。瓦格纳将利基政党定义为主要就有限的非经济议题展开竞争的政党。②迈耶以"强调主流政党忽视的政策领域"作为利基政党的"最小定义"。这一定义避免了将议题新颖性作为衡量利基政党的标准，也没有排除利基政党涉及经济类议题的可能。迈耶还提出了政党利基性（nichness）的概念，用以考察各政党与利基政党标准的契合程度。③瓦格纳和迈耶都认为，对利基政党的衡量是一个连续可变的过程。

丹尼尔·比绍夫（Daniel Bischof）综合了上述几位学者的研究，同时借鉴市场营销学理论，将利基政党定义为在狭小的选举市场展开竞争并占有优势的政党。这些政党为避免在选举中与强大的对手发生正面竞争，利用自身特有条件和优势，选取对手力量薄弱或忽视的一小块选举市场（称为利基市场）作为其专门服务的对象，全力满足该领域的选民需求，从而达到牢固占领这部分选举市场的目的。他将生态、区域、极右、疑欧等领域界定为选举中的利基市场，通过考察政党在这些领域的优势与聚焦程度，确定政党体系中的利基政党。④比绍夫的研究表明，构成利基政党必须同时满足主客观两方面条件：一是选择主流政党力量

---

① 参见吴辉等：《西方政党学说史》，时事出版社2015年版，第278页。

② Markus Wagner, "Defining and Measuring Niche Parties", *Party Politics*, Vol. 18, No.6, 2012, p.846.

③ Thomas M. Meyer and Bernhard Miller, "The Niche Party Concept and its Measurement", *Party Politics*, Vol.21, No.2, 2015, pp.261-267.

④ Daniel Bischof, "Towards a Renewal of the Niche Party Concept: Parties, Market Shares and Condensed Offers", *Party Politics*, Vol.23, No.3, 2017, pp.223-231.

薄弱的选举市场展开竞争,二是在这些选举市场上具有独特的竞争优势。

表 7.1 不同学者对利基政党的界定

	梅吉德 (2005)	亚当斯 (2006)	瓦格纳 (2012)	迈耶 (2015)	比绍夫 (2017)
概念	聚焦非传统的新兴议题	非中心或极端意识形态	关注有限的非经济议题	强调主流政党忽略的议题	聚焦主流政党薄弱或忽视的议题
方法	政党家族理论		连续的测量		
结果	绿党、极右党	绿党、极右党、共产党	非固定、可变的(绿党、极右党、区域政党等)		

2. 利基政党概念的理论内涵

上述学者的研究呈现出利基政党的基本内涵。首先,利基政党是相对于主流政党而言的政党类型。主流政党是在目前西方选举政治中占据优势地位的全方位政党与卡特尔政党。利基政党是在政党纲领与选举策略方面明显区别于主流政党,并因此体现出一定选举实力或政治潜力的政党。在这里,政党体系的整体逻辑先于它们的构成部分,部分的特征是由它与整体的关系决定的。相比于其他以实体特征为依据的政党分类,利基政党概念兼顾政党外在行为与内在特征,使其具有更强的实践包容性和理论解释力。

其次,利基政党的衡量主要是依据政党的纲领和策略。虽然社会基础和意识形态偏好会影响政党在特定领域是否具有竞争优势,但利基政党并非特指某些政党,而是取决于政党的策略选择和整体的政党环境。从实证研究结果看,利基政党普遍关注不同于主流政党的有限议题,就选票份额和组织存续而言比主流政党更小、更年轻。利基政党通常出现在有效政党数量达到四个及以上的政党系统中，这说明利基政党的产生受到制度因素的制约。①

第三，尽管在定义和衡量标准上存在一定差异，但绿党、极右翼政党、地区主义政党通常被认为是典型的利基政党。其中，绿党或生态主义政党的主要政治诉求包括环境保护、可持续发展、和平与非暴力、直接民主等。极右翼政党在经济全球化、欧洲一体化和外来移民问题上持激烈的反对态度，极其强调秩序、传统、认同和安全在社会构建中的作用。② 当然，利基政党的地位不是一成不变的，它们存在着向主流政党转变的可能。

利基政党概念的提出是对西方政党类型学理论的丰富。卡茨和梅尔构筑的"政党发展四阶段论"暗含着一种线性发展逻辑，即认为西方民主国家的政党通常是按照精英型政党、群众型政党、全方位政党、卡特尔政党的路径发展。③ 这种线性逻辑的优点在于理论的清晰和简洁，但也存在一些问题。在时间维度上，各国政党并不一定都沿着线性方向发展；在空间维度上，四种政党类型代表的是各个时期西方政党的主流形态，忽视了政党发展的多样性。主流政党与利基政党分类的形成，将全方位政党和卡特尔政党时代，西方国家的非主流政党纳入政党类型学的系统框架中，赋予其明确意涵与清晰界定，为推动对这些政党的深入研究奠定了基础。

---

① Markus Wagner, "Defining and Measuring Niche Parties", *Party Politics*, Vol. 18, No.6, 2012, pp.855–859.

② 高奇琦：《国外政党与公民社会的关系——以欧美和东亚为例》，中央编译出版社 2011 年版，第 126—127 页。

③ 张飞雪：《"卡特尔化"与西方政党政治的走向》，载《国外理论动态》2014 年第 2 期，第 98 页。

二、"议题优先"还是"意识形态优先":利基政党与政党竞争

有别于对社会因素和制度因素的强调,西方学者大多从政党竞争维度解释利基政党的兴起,相关研究也推动了政党竞争理论的发展。主流观点认为,政党竞争是以一定的意识形态为基础的。安东尼·唐斯(Anthony Downs)的中间选民定理认为,在两党制中,处于意识形态中间标度可以同时吸引左右两边的选民,政党表述施政纲领要尽可能处于中心位置。① 乔万尼·萨托利(Giovanni Sartori)分析了多党制下的政党竞争,认为温和多党制中政党间意识形态距离较小,呈现向心竞争特点;极化多党制中政党间意识形态差异比较明显,容易形成离心竞争格局。②

上述理论实际有着严格的假定,即政党都是围绕着一组给定议题展开竞争。为了锁定选民,这些议题被整合成综合性的政党纲领。政治偏好能按全体选民都同意的方式从左到右排列,选民只要对从意识形态一端到另一端的政党排序表示赞同即可。利基政党的出现打破了上述假定中政党纲领与意识形态的对应关系。与主流政党高度整合的意识形态不同,利基政党独特且有限的议题关注使其宣扬的意识和观念是分散的。因此,关于利基政党如何参与并影响政党竞争引起了研究者的兴趣,呈现出两类不同的研究路径。

1. 利基政党与议题竞争

议题竞争路径认为,具体议题而非意识形态构成利基政党与主流

---

① 〔美〕安东尼·唐斯:《民主的经济理论》,姚洋等译,上海人民出版社2017年版,第108—111页。

② 〔意〕乔万尼·萨托利:《政党与政党体制》,王明进译,商务印书馆2006年版,第257页。

政党竞争的决定性因素。在邦妮·梅吉德构建的政党议题竞争理论框架中，议题显著性（issue salience）和议题占有度（issue ownership）是分析政党竞争的重要指标，前者指某项议题成为选举议题的价值高低，后者指选民对某个政党推动某项议题的认可程度。她认为，主流政党采用（adopt）而非忽视（dismissive）利基政党的议题，有助于提高该议题的显著性。如果主流政党进而采取吸纳（accommodative）策略，会限制利基政党的议题占有度；反之，如采取对抗（adversarial）策略，则会提高利基政党的议题占有度，使之得到更多支持。① 梅吉德的研究表明，竞争并非只在意识形态邻近的政党间展开。主流政党的议题竞争策略不仅影响利基政党的成败，还可能改变政党体制的整体格局。

莫里斯·迈耶斯（Maurits J. Meijers）等人深化了梅吉德的研究，认为主流政党对利基政党采取吸纳策略的时机非常重要。只有在利基政党兴起之初迅速采取吸纳策略，才能限制其发展。一旦利基政党获得可观的选票，确立了对议题的较高占有度，主流政党的吸纳策略反而会帮助其提升议题关注度。因此，面对成熟的利基政党，主流政党的正确做法是推动其他议题的政治化，使选民的注意力重新回到自己主导的议题上来。②

塞尔吉·帕多斯·普拉多（SergiPardos-Prado）认为，主流政党可以通过将移民问题与经济、社会议题广泛结合，阻止极右翼政党进一步

---

① Bonnie M. Meguid, "Competition between Unequals: The Role of Mainstream Party Strategy in Niche Party Success", *American Political Science Review*, Vol.99, No.3, 2005, pp.348-358.

② Maurits J. Meijers and Christopher J. Williams, "When Shifting Backfires: The Electoral Consequences of Responding to Niche Party EU Positions", *Journal of European Public Policy*, 2019, pp.13-16.

壮大。极右翼政党擅长从文化入侵的角度来建构移民问题。主流政党不应逃避该问题，但也不能违背自身整体的政策框架和选民基础。不仅应从文化方面，更应从经济方面入手，强调移民问题造成国内资源分配紧张，将移民问题的竞争主轴定位在更广泛的经济社会维度，建立自身在移民问题上的话语权。①

与上述学者强调主流政党在议题竞争中的作用不同，马克·范德沃特（Marc van de Wardt）注意到利基政党在推动议题政治化上的能动作用。他认为，欧洲国家移民问题的政治化主要是由反移民政党的竞争策略所推动，而非社会因素本身的紧迫性所造成。② 金伯利·考威尔·迈耶斯（Kimberly Cowell-Meyers）对妇女议题政治化的考察得出了类似结论。③ 此外，范德沃特的研究还发现，在野的主流政党出于选举利益愿意回应利基政党的议题；而执政的主流政党出于选举风险会有意回避利基政党的议题，只有在这些议题被在野的主流政党提出时，它们才会作出回应。④

---

① Sergi Pardos-Prado, "How Can Mainstream Parties Prevent Niche Party Success? Center-right Parties and the Immigration Issue", *The Journal of Politics*, Vol.77, No.2, 2015, pp.365-366.

② Marc van de Wardt, "The Impact of Societal Factors, Mainstream Parties and Niche Parties on the Politicization of Niche Party Issues: The Danish Case", 6*th ECPR General Conference*, *Reykjavik, Iceland*, 2011, pp.23-26.

③ Kimberly Cowell-Meyers, "The Contagion Effects of the Feminist Initiative in Sweden: Agenda-setting, Niche Parties and Mainstream Parties", *Scandinavian Political Studies*, Vol.40, No.4, 2017, pp.490-491.

④ Marc Van de Wardt, "Desperate Needs, Desperate Deeds: Why Mainstream Parties Respond to the Issues of Niche Parties", *West European Politics*, Vol.38, No.1, 2015, pp.115-116.

2. 利基政党与意识形态竞争

意识形态竞争路径认为，意识形态仍然是分析利基政党参与竞争的主要依据，但应结合意识形态竞争的新近研究作出合乎实际的解释。劳伦斯·埃兹罗（Lawrence Ezrow）在考察利基政党与政党体制的关系后发现，当利基政党处于意识形态明显极化的政党环境时，其选举表现要比处于总体温和的政党环境好。正是利基政党在意识形态左右维度上的独特定位，增加了它们纲领的辨识度。① 利基政党的此种行为可以在科拉·斯特罗姆（Kaare Strom）的观点中找到依据。他认为在多党制下，鉴于选民的工具性特征，政党寻求公职比寻求选民更为合理，因此并非以选票最大化为目标。②

塔里布·阿布·恰迪（Tarik Abou-Chadi）认为，意识形态距离决定了主流政党与利基政党联合的意愿，过去的选举表现决定主流政党采用新政策的迫切程度。在许多欧洲国家，极右翼政党的成功导致主流政党开始强调反移民立场，而绿党的兴起并未导致主流政党对环保问题的进一步重视。③ 上述观点的理论基础来自罗温·哈让（Reuven Y. Hazan）对萨托利观点的修正，他认为多党制下的政党竞争并不必然和政党数量相关，边缘政党可以通过极化策略迫使中间政党向边缘移动，

---

① Lawrence Ezrow, "Research Note: On the Inverse Relationship between Votes and Proximity for Niche Parties", *European Journal of Political Research*, Vol.47, No.2, 2008, pp.206-216.

② Kaare Strom, "A Behavioral Theory of Competitive Political Parties", *American Journal of Political Science*, Vol.34, No.2, 1990, pp.568-569.

③ Tarik Abou-Chadi, "Niche Party Success and Mainstream Party Policy Shifts-how Green and Radical Right Parties Differ in Their Impact", *British Journal of Political Science*, Vol.46, No.2, 2016, pp.417-418.

中间政党也可以针对边缘政党发起中间化运动。①

克里斯托弗·格林·派德森（Christoffer Green-Pedersen）认为，在多党制下，边缘政党唯有向中心移动才可能获得政府权力。它们可以选择与中间政党结盟组成中左或中右政府，也可以与另一边缘政党组成更为宽泛的联盟，两种情况都意味着向意识形态中心移动。②派德森假设的第二种情况得到了马蒂亚斯·韦塞尔·特隆伯格（Mathias Wessel Tromborg）研究结果的支持。后者认为，利基政党在某些情况下也会朝着温和化方向移动，条件是当它们感知到意识形态相邻的其他小党在政策立场上向它们靠拢。③

利基政党参与竞争的不同研究路径体现出对传统政党竞争范式的挑战。这种挑战可以体现在意识形态上，可以体现在具体议题上，还可以体现在立法过程中。主流政党希望获得尽可能多的选票，它们关注多元议题，在意识形态上呈现中间化特征。利基政党采取差异化竞争策略，它们关注与主流政党不同的有限议题，在这些议题上体现出极端化倾向，但这不同于主流政党由多议题综合而成的意识形态。总体而言，在西方选举政治中，传统的意识形态纷争逐步减弱，具体议题在政党行为取向中的作用日益增加。政党在某些关键议题上的表态和立场已经越来越有效地影响到选举结果。

----

① Reuven Y. Hazan, *Centre Parties: Polarization and Competition in European Parliamentary Democracies*, A&C Black, 1997, pp.158-166.

② Christoffer Green-Pedersen, "Center Parties, Party Competition, and the Implosion of Party Systems: A Study of Centripetal Tendencies in Multiparty Systems", *Political Studies*, Vol.52, No.2, 2004, p.326.

③ Mathias Wessel Tromborg, "Space Jam: Are Niche Parties Strategic or Looney?", *Electoral Studies*, No.40, 2015, pp.189-190.

表 7.2　利基政党参与政党竞争的研究概况

	代表学者	主要观点
议题竞争路径	梅吉德、迈耶斯、普拉多	主流政党的议题竞争策略影响利基政党的成败
	范德沃特、迈耶斯	利基政党在推动议题政治化方面具有能动作用
意识形态竞争路径	埃兹罗	意识形态环境影响利基政党的选举表现
	恰迪	意识形态距离决定主流政党与利基政党合作的意愿
	特隆伯格	利基政党存在意识形态中间化的可能

三、"再结盟"与"解盟"：利基政党与社会的关系

利基政党概念的出现同样是对政党与社会关系发展新趋势的理论诠释。一方面，新的政治议题塑造着新的党派忠诚；另一方面，厌倦了主流政党中间化路线的选民将流动的选票投给持有鲜明主张的政党。利基政党与社会的关系成为相关研究的学术增长点。西方学者考察政党与社会变迁的一个重要视角是政党结构与相应社会阶层的关系。西蒙·马丁·李普塞特（Seymour Martin Lipset）和斯坦·罗坎（Stein Rokkan）提出的政党与社会分野的关联性理论认为，20世纪上半叶，欧洲选民与反映自身利益的政党结成长期而紧密的联盟，政党的选举活动多定位于动员本党的固定支持者。① 斯科特·弗拉纳根（Scott C. Flanagan）和罗塞尔·达尔顿（Russell J. Dalton）对政党与社会联系碎片化的论述认为，到20世纪六七十年代，欧洲传统社会分野趋于瓦解，出现了两种

---

① Seymour Martin Lipset and Stein Rokkan, *Party System and Voter Alignment, Cross National Perspectives*, Washington: Free Press, 1967, p.50.

新的政党与社会关系模式：一是再结盟模式，即政党和选民群体互相选择新的合作伙伴；另一种是解盟模式，即选民可能不再与固定政党结盟，视政策而非政党进行投票。① 作为产生于 20 世纪后期的政党类型，利基政党体现出政党与社会再结盟和解盟兼而有之的独特模式，相关研究也沿着这两方面展开。

1. 利基政党与社会的"再结盟"

利基政党与社会的"再结盟"模式体现为，通过新的结盟，与特定社会群体保持着较主流政党更为紧密的联系。斯蒂芬·布林斯（Steffen Blings）的研究发现，利基政党虽然在组织上多独立于新社会运动，但两者在纲领政策上的联盟关系通过三个环节建构起来：一是选举压力，社会运动以体制外动员方式，提高利基政党议题的社会关注度。二是基层联系，利基政党中的社会运动成员将运动的诉求反馈到政党决策层，避免两者政策冲突。三是精英导向，利基政党精英通过主动采取行动，使其政策立场与社会运动同向而行。②

詹姆斯·亚当斯等人认为，利基政党代表了意识形态极端的选民群体。主流政党寻求回应全社会民意的变化，同时采取较温和的立场；而利基政党不会回应一般民意的变化，只回应本党支持者。利基政党的这种做法是为了保持对核心选民的吸引力。因为过去的选举结果表明，利基政党一旦采取温和立场就会遭到选举惩罚。③ 劳伦斯·埃兹罗进一步

---

① Scott C. Flanagan and Russell J. Dalton,"Parties under Stress: Realignment and Dealignment in Advanced Industrial Societies", *West European Politics*, Vol.7, No.1, 1984, pp.7-23.

② Steffen Blings, "Niche Parties and Social Movements: Mechanisms of Programmatic Alignment and Party Success", *Government and Opposition*, 2018, pp.1-3.

③ James Adams, et al.,"Are Niche Parties Fundamentally Different from Mainstream Parties? The Causes and the Electoral Consequences of Western European Parties' Policy Shifts, 1976-1998", *American Journal of Political Science*, Vol.50, No.3, 2006, pp.513-514.

将主流政党和利基政党对选民的回应概括为一般选民回应型（general electorate result）和党派支持者回应型（partisan constituency result）两种模式。①

在此基础上，亚当斯和埃兹罗还合作考察了利基政党与选民的联系方式。他们指出，利基政党的选民规模虽然不大，但政党支持者的政治参与非常积极。利基政党的支持者会综合各类与政党相关的信息，如精英发言、媒体报道、结盟行为，以及在立法机构中的表现来判断利基政党的立场变化，及时调整自身的政党偏好以适应这种变化。②

2. 利基政党与社会的"解盟"

利基政党与社会的"解盟"模式首先表现为，利基政党的社会联系并非是排他性的。不仅政党成员资格没有明确界定，而且在选举中还经常得到主流政党选民的支持。艾米·林德斯坦（Emmy Lindstam）的研究发现，主流政党的选票在"次等选举"（second-order elections）中会流向利基政党。为了平衡"政党优先"与"议题优先"之间的矛盾，许多选民在全国议会选举中支持所偏好的主流政党；而在地方选举和欧洲议会选举等"次等选举"中选择与自己立场最接近的政党，利基政党在这类选举中往往受到青睐。③

一些学者进而研究了利基政党在"次等选举"中的成功对全国议会选举的影响。杰明·法勒（Benjamin Farrer）的研究发现，部分选民

---

① Lawrence Ezrow, et al., "Mean Voter Representation and Partisan Constituency Representation: Do Parties Respond to the Mean Voter Position or to Their Supporters?", *Party Politics*, Vol.17, No.3, 2011, p.288.

② James Adams, Lawrence Ezrow and Debra Leiter, "Partisan Sorting and Niche Parties in Europe", *West European Politics*, Vol.35, No.6, 2012, pp.1287-1289.

③ Emmy Lindstam, "Signalling Issue Salience: Explaining Niche Party Support in Second-order Elections", *Electoral Studies*, Vol.60, No.102026, 2019, pp.10-11.

在地方议会选举中以惩罚性投票表达对主流政党的不满，利基政党能够通过自下而上的方式建立支持，在之后举行的全国议会选举中扩大得票份额。① 洪吉英（Geeyoung Hong）认为，主流政党的选民在欧洲议会选举中支持利基政党的现象普遍且持续存在于欧洲各国。虽然两类选举在具体规则、关注议题上存在差异，但欧洲议会选举可以被视为利基政党获得国家层面选举胜利的跳板。②

利基政党与社会的"解盟"模式还表现为，尽管在一定程度上弥补了主流政党政治代表性的缺失，但利基政党并未改变西方政党与社会关系总体疏离的趋势。玛蒂尔德·范·迪特玛斯（Mathilde M. van Ditmars）等人认为，无论是主流政党还是利基政党，政党立场与选民偏好的重合是复杂的，每个政党在不同时期和不同议题上的表现都不一样。利基政党时常在自身的核心议题上立场激进，这与选民的利益并不契合。③

帕勃罗·费尔南德斯·巴斯克斯（Pablo Fernandez-Vazquez）认为，利基政党的出现并未改变选民对政党只顾短期选举利益而产生的反感与不信任。由于缺乏实质约束力，许多政党执政后并不一定兑现选举承诺，使得政党的竞选宣传可信度低。这导致在竞选活动中，主流政党的温和立场和利基政党的极端立场都可能被民众认为是选举利益驱使下的老生常谈。只有政党在竞选活动中提出一反常态的政策主张时，才会

---

① Benjamin Farrer, "Connecting Niche Party Vote Change in First-and Second-order Elections", *Journal of Elections, Public Opinion and Parties*, Vol.25, No.4, 2015, pp.497-498.

② Geeyoung Hong, "Explaining Vote Switching to Niche Parties in the 2009 European Parliament Elections", *European Union Politics*, Vol.16, No.4, 2015, pp.530-532.

③ Mathilde M. Van Ditmars and Sarah L. De Lange, "Differential Representation? The Gaps between Mainstream and Niche Party Representatives and Their Voters in The Netherlands", *Acta Political*, Vol.54, No.2, 2019, pp.295-297.

引起选民的注意。①

利基政党与社会关系的双重模式表明政党与社会的紧密共生是一个动态发展的过程。社会是政党合法性的主要来源,缺乏社会认同的政党统治是没有根基的。20世纪下半叶,西方主流政党为了生存和发展开始向国家靠拢,一定程度上已成为国家的一部分。政党对社会的回应变得缓慢而麻木,造成政党对社会的代表危机。利基政党通过积极回应被主流政党所忽视的社会需求而参与政党竞争,一定程度上弥补了主流政党与社会联结部分的衰落。与此同时,试图绕过政党来解决社会重大问题的方案被证明是不可行的。本身有一定组织基础且希望更为有效地影响政治结果的新社会运动,往往都选择与政党合作甚至直接转型为政党。政党纲领的政治标识作用仍然非常有效。

表7.3 利基政党与社会关系的研究概况

	代表学者	主要观点
"再结盟"模式	布林斯	利基政党与新社会运动在纲领策略方面结成联盟
	亚当斯、埃兹罗	利基政党只回应本党支持者,且这些支持者政治参与度高
"解盟"模式	林德斯坦、法勒、洪吉英	主流政党在"次等选举"中支持利基政党及其影响
	迪特玛斯	利基政党并不一定更好地代表选民利益
	巴斯克斯	利基政党并未提高选民对竞选活动的信任

---

① Pablo Fernandez-Vazquez,"Voter Discounting of Party Campaign Manifestos: An Analysis of Mainstream and Niche Parties in Western Europe, 1971-2011", *Party Politics*, No.1354068818787352, 2018, pp.9-10.

四、主流抑或边缘：关于利基政党未来发展的讨论

1. 利基政党发展的两种可能

利基政党自产生之后一直面临着未来发展方向的问题，即保持固有特征还是向全方位政党转型。如果保持固有特征，则意味着继续依靠有限的议题关注和独特的意识形态动员来解决社会选择和集体行动问题。但长期坚持这两点可能会导致利基政党的选举能量大打折扣，负责任政党形象难以建立。格里格·宗斯（Gregor Zons）认为，利基政党的选举优势会随时间的推移而减弱。利基政党一旦确定了选举议题，其吸引力就会因选民对政党的熟悉而逐渐下降。在选区性而非功能性代议系统中，选民会期待政党关注和处理更加多样的议题。如果利基政党的议题长期不能被主流政党吸纳，也说明这一议题在选举竞争中不具有很高的价值，存在消退的可能。[①]

如果要向全方位政党转型，那就意味着利基政党要扩展自身的议题关注，将各类议题整合为一致的政党纲领。但转型同样意味着传统政治资源的流失，选举政治的程式化和意识形态的中间化使选民失去了支持利基政党的最初动机，内部分裂与外部被主流政党彻底边缘化的风险将接踵而至。利基政党需要在选民吁求的利益与政党存续的利益间实现平衡。在分析了以上问题后，菲利普·林奇（Philip Lynch）等人注意到，为摆脱困境，英国独立党构建了一套以"独立"为主题的政党叙事，将"独立"的概念多元化、具体化，与国家、地方和民众生活有关的

---

① Gregor Zons,"How Programmatic Profiles of Niche Parties Affect Their Electoral Performance", *West European Politics*, Vol.39, No.6, 2016, pp.1223-1225.

问题联系起来。如倡导选民关注欧盟法律对本国劳工权益、产业发展、健康服务的影响，关注欧盟会费对本国经济造成的负担等。这样既保持了政党的一贯立场，又拉近了与普通选民的距离。①

2. 利基政党转型的条件及其限度

一些学者对利基政党的主流化问题进行了历史考察。托马斯·迈耶等人认为，利基政党有向主流政党转化的前例可循。一旦选举动机超过意识形态惯性和组织惰性，利基政党会寻求政策转变。他们考察了过去50年间22个欧洲国家政党的选举表现，发现大约有三分之二的利基政党扩大了自身的议题范围。这种变化是反复多次博弈的长期过程，常发生在它们遭遇选举挫折后。而主流政党不会向利基政党转变，因为采取利基政党的策略对其不具有选举上的吸引力。② 正如卡茨和梅尔所言，政党对各种利益群体的开放是非常重要的。全方位政党模式不仅对于那些为自我利益谋算的政党领袖是有吸引力的，而且从规范的角度来看也是比较合理的。③

还有学者对利基政党向主流政党转化的条件进行了分析。马修·伯格曼（Matthew E. Bergman）等人论证了议题占有度对利基政党主流化的影响，认为极右翼政党能够通过扩大议题领域，包括主流的经济、社

---

① Philip Lynch, Richard Whitaker and Gemma Loomes, "The UK Independence Party: Understanding a Niche Party's Strategy, Candidates and Supporters", *Parliamentary Affairs*, Vol.65, No.4, pp.743-744.

② Thomas M. Meyer and Markus Wagner, "Mainstream or Niche? Vote-seeking Incentives and the Programmatic Strategies of Political Parties", *Comparative Political Studies*, Vol.46, No.10, 2013, pp.1246-1248.

③ Richard S. Katz and Peter Mair, "Changing Models of Party Organization and Party Democracy: The Emergence of the Cartel Party", *Party Politics*, Vol.1, No.1, 1995, p.13.

会议题来获得更多选民的支持。绿党通过扩大议题范围则较难获得明显的选举收益，主流政党在关注环保议题后也未得到选举上的回报。原因在于，绿党对于环保议题的占有度高，一方面限制了其他政党对这一议题的介入能力，同时也限制了自身的议题拓展能力。因此，极右翼政党更有可能全面挑战目前的主流政党。①

吉斯·舒马赫（Gijs Schumacher）等人从政党组织维度进行的分析，同样认为极右翼政党比绿党更容易向主流政党转型。他们指出，政党内部的权力分配会影响政党对选民态度、选举结果等外部因素的回应方式。具体而言，领导人主导型政党（leadership-dominated parties）的权力主要由少数政党领导人掌握，其选举行为关注本党能否获得政府职位，倾向于回应全体选民，实现选票最大化，法国国民阵线等极右翼政党多属于此类。活动分子主导型政党（activist-dominated parties）的权力由更多的政党活动分子和次级组织分享，绿党是其典型代表。这类政党具有较强的内部制衡机制，倾向于维持政党一贯立场。②

与多数学者的观点不同，也有研究对利基政党向主流政党的转化持悲观态度。马库斯·瓦格纳等人认为，主流政党和极右翼政党不存在合流的趋势。虽然过去30年，欧洲各国主流政党普遍对极右翼政党采取吸纳策略，但极右翼政党总体上并未缓和其立场或因此而消失。一方面，一些极右翼政党为保持议题的显著性和占有度，朝着更加极端的方向发展；另一方面，极右翼政党完成了新老汰换，伴随一些老的或立场

---

① Matthew E. Bergman and Henry Flatt, "Issue Diversification: Which Niche Parties Can Succeed Electorally by Broadening Their Agenda?", *Political Studies*, No. 0032321719865538, 2019, pp.14-17.

② Gijs Schumacher, Catherine E. De Vries and Barbara Vis, "Why do Parties Change Position? Party Organization and Environmental Incentives", *The Journal of Politics*, Vol.75, No.2, 2013, pp.464-475.

趋向温和的极右翼政党谢幕,更多新兴的极右翼政党在政治舞台上兴起。①

关于利基政党未来发展的讨论凸显了政党治理诉求与治理能力间的缺位。相比于主流政党,有限议题导向的利基政党在推动社会治理改革上体现出更强的动能和意愿。然而,利基政党在治理能力上却比主流政党逊色,主要表现为两个方面:一是政策有效性,利益表达的单一性导致利基政党在利益实现过程中效率低下。如生态主义主张作为一种理念被许多选民所接受,但要转化为具体政策就可能影响民众的社会福利或工作就业。二是组织制度化,正式组织的缺乏导致利基政党在执政治理中成本过高。绿党扁平式的网络动员结构,极右翼政党借助领袖的魅力型权威来整合和动员民众,这些在选举过程中具有一定的成本优势,但却不符合参与国家治理对政党更高程度组织化的要求。如何在保持原有政治理念的基础上,增加政策的可行性和组织的适应性是利基政党未来必须面对的问题。

本章小结

作为政党研究的前沿领域,对利基政党的考察尚存在一些薄弱环节,这也成为相关研究趋于完善的方向:一是研究概念的清晰。目前利基政党仍缺乏一个被广泛认可的定义,以及与之相匹配的评价标准。从当前来看,丹尼尔·比绍夫的界定比较成熟,但缺点是不够简洁凝练。二是研究对象的拓展。一方面,目前的研究已涉及利基政党在欧洲议会

---

① Markus Wagner and Thomas M. Meyer, "The Radical Right as Niche Parties? The Ideological Landscape of Party Systems in Western Europe, 1980-2014", *Political Studies*, Vol.65, No.1_suppl, 2017, pp.98-100.

中的立法行为①，如果利基政党今后进一步介入各国议会与政府运作，其在国家层面的立法与执政行为将成为研究的重点。另一方面，既有成果多以欧洲国家为研究对象，新近的研究已注意到欧洲以外的利基政党现象，如特蕾莎·科内克（Theresa Kernecker）等人对拉丁美洲利基政党的研究②，哈利尔·比勒森（Halil Bilecen）对土耳其利基政党问题的考察③，这预示着利基政党概念的广泛适用性。三是研究视野的平衡。现有研究过于强调政党竞争因素，存在矫枉过正的现象，制度因素和社会因素仍然是不能被忽视的。如欧洲国家较低的选举门槛提供的政治机会，传统的碎片性社会分野的重新兴起和新的社会分野出现所形成的代议真空，都为利基政党提供了有利条件。可以预见，围绕利基政党的研究必将随着实践的发展而丰富，对其理论探索自然也未有穷尽。

利基政党的概念及其相关共识与争鸣，是对西方政党发展新态势的描绘与概括，也是对西方政党学说的反思和创新。从本质上看，利基政党理论的提出反映了西方学者对当前欧美国家主流政党无法有效整合社会吁求并实现高水平治理的焦虑，以及对政党权力日益受到威胁的不安。

---

① Christian B. Jensen and Jae-Jae Spoon, "Thinking Locally, Acting Supranationally: Niche Party Behaviour in the European Parliament", *European Journal of Political Research*, Vol.49, No.2, 2010, pp.174-201.

② Theresa Kernecker and Markus Wagner, "Niche Parties in Latin America", *Journal of Elections, Public Opinion and Parties*, Vol.29, No.1, 2019, pp.118-121.

③ Halil Bilecen, "Niche Party Success in Turkey: Do Policy Dimensions Matter?", *Pamukkale University Journal of Social Sciences Institute/Pamukkale Üniversitesi Sosyal Bilimler Enstitüsü Dergisi*, No.25, 2016, pp.140-153.

第八章　非西方国家的民主化反思：以梅因沃林政党体制理论为例

　　美国学者梅因沃林于20世纪90年代中后期提出政党体制制度化学说，并在此后的20余年不断对其加以发展和完善。该学说从新老民主国家政党体制的比较研究入手，认识到制度化概念应成为对非西方民主国家政党体制进行归类和比较的起点，分析了政党体制制度化的维度和测量标准。注意到制度化程度低的政党体制对民主运行具有负面影响，指出非西方民主国家的政治精英应设法提高政党体制的制度化水平。然而，梅因沃林未能从根本上找到提高政党体制制度化的方法，体现出其学说的局限性。介绍和评价政党体制制度化学说，为研究欧美国家以外的非西方民主国家的政党运行及民主发展提供了新的理论视角。

作为西方民主政治发展的产物，政党被定位为国家与社会之间的纽带。国家借助政党对社会实施整合，社会则依靠政党向国家进行价值和利益输送。政党通过利益表达、利益综合、政治录用、政治社会化等基本功能的发挥，维系着民主政治的运转。政党究竟在多大程度上影响一国民主政治的发展，取决于该国具体的政党体制。① 西方学界一直热衷于从政党数量角度出发分析和比较政党体制，并以此为依据研究政党体制与民主发展的关系。如莫里斯·迪韦尔热（Maurice Duverger）认为，在议会制下，多党制导致异质性从而削弱政府，两党制由于建立在同质人的基础上，政府内阁趋于稳定。② 乔万尼·萨托利（Giovanni Sartori）认为，两党制与温和多党制引导政党进行向心竞争，极化多党制导致政党间的离心竞争，后者容易造成竞争性政党体制自身的瓦解。③ 塞缪尔·亨廷顿（Samuel Huntington）认为，两党制和主导党制比一党制或多党制更能促成处于现代化进程中国家的长治久安。④ 有别于对政党体制结构的探讨，美国学者斯科特·梅因沃林（Scott Mainwaring）的研究聚焦政党体制本身的力量和适应性。⑤ 他在20世纪90年代陆续出版了《民主制度的建立：拉丁美洲的政党体制》（1995年）和《反思第三波民主国家的政党体制：以巴西为例》（1999年）等著作，构建起以制度化为核心概念的分析与比较政党体制的学说。该学说历经20余年发展，

---

① "政党体制"一词源自英文 Party System，是指现代政治框架下，政党参与国家政治生活所形成的制度性政党关系、行为规则和运行形态。国内学者也译作"政党制度"，两种译法在一般意义上使用时差别不大。本书对这一概念的理解侧重于随着政党的出现而逐渐发展起来的一种政治系统，使用"政党体制"与这种认识更加接近。

② Maurice Duverger, *Political Parties：Their Organization and Activity in the Modern State*, Metheun& Co. Ltd., 1959, pp.407-408.

③ 〔意〕乔万尼·萨托利：《政党与政党体制》，王明进译，商务印书馆2006年版，第476—487页。

④ 〔美〕塞缪尔·亨廷顿：《变化社会中的政治秩序》，王冠华等译，生活·读书·新知三联书店1996年版，第392页。

⑤ 斯科特·梅因沃林（1954—），美国著名政治学家，1972年进入耶鲁大学学习，1983年在斯坦福大学获得博士学位，此后执教于圣母大学，并于2010年当选美国艺术与科学院院士。

成为迄今为止研究非西方民主国家政党与政党体制最重要的学术成果之一。

一、制度化：政党体制分析的新维度

梅因沃林政党体制学说的核心，在于将制度化作为政党体制分析的新维度。长期以来，对西欧和美国政党体制的分析是相关理论研究和比较研究的主要内容，这方面以意大利政治学家萨托利1976年出版的著作《政党和政党体制》为集大成者。在该书中，萨托利提出了比较与划分政党体制的两个重要维度，一是政党的数量，二是政党意识形态的两极化程度。[①] 按照这两个标准，他的政党类型学涵盖了四类民主条件下的政党体制：两党制、温和多党制（意识形态两极化程度低的多党制）、极化多党制（两极化程度相当高的多党制）以及主导党制（一个政党长期赢得大部分议席）。他提出的区分政党体制的两个维度成为划分早期民主国家政党体制的最有效标准。

然而，面对世界范围内第三波民主化浪潮，萨托利的划分标准存在解释上的乏力。[②] 意大利、法国这两个欧洲国家和20世纪80年代末的巴西与秘鲁均可归为极化多党制一类，但两组国家的政党体制却呈现截然不同的特征。两个欧洲国家的政党体制运行较为平稳，选举波动（e-

---

[①] 〔意〕乔万尼·萨托利：《政党与政党体制》，王明进译，商务印书馆2006年版，第171—177页。

[②] 美国学者亨廷顿认为，人类历史发展至今经历了三波民主化浪潮。第一次民主化长波：1828—1926年，起源于美国革命和法国革命；第二次民主化短波：1943—1962年，始于第二次世界大战；第三波民主化，始于1974年葡萄牙军事政变，这一波民主化先后影响了拉丁美洲、东亚、苏联、东欧地区以及非洲南部国家，并在20世纪90年代后期进入停滞阶段。参见〔美〕塞缪尔·亨廷顿：《第三波：20世纪后期民主化浪潮》，刘军宁译，上海三联书店1998年版，第11—26页。

lectoral volatility）较低，政治舞台上的主要政党相对稳定。① 而巴西和秘鲁的政党体制却经历了极大动荡，主要政党更替频繁。推而广之，众多第三波民主国家在效仿欧美国家建立政党体制后，其运行模式与后者相比存在明显差异。将两类国家中的多党制看作一个没有分化的范畴显然忽视了它们之间的某种实质性差别。为解释这种差别，萨托利使用了"结构稳固"的概念，并将之视为一个两分法式的变量。② 一个体制或者由于结构稳固而被称为政党体制，或者因为没有稳固而被排除在政党体制范畴之外。这种两分法的比较无论在概念上还是实证上都具有误导性。体制的定义并不意味着要划定僵化的界限。当世界上大部分民主国家的政党体制不稳定时，不把它们看作体制，认为其无法与发达国家相比，将造成认识上的损失。

梅因沃林在继承萨托利关于政党体制定义的基础上，摒弃了其体制—非体制两分法，关注制度化的不同程度。他认为一种体制是相关部分的结合体，这些组成部分通过固定方式互动形成了复合的整体。政党体制是以固定方式互动的一组政党。固定化互动意味着贯穿于政党竞争的某些规则和条例被广泛遵守，即使它们存在争议且正在改变。体制的观念意味着体制组成部分的连续性。他将制度化定义为一种做法或组织被明确下来并被广泛认识（即使未被普遍接受）的过程。行为者根据

---

① 选举波动指的是政党在选举中的总轮换率。通过把每个政党在前后两次选举中选票的净得失率加总，然后除以2就可以计算出来。例如，在两党制中，如果政党甲在第一次选举中得票率为43%，第二次选举中得票率为53%，而政党乙的得票率从57%下降到47%，那么选举波动就等于（10+10）/2，即10。参见 Mogens N. Pedersen, et al., "Western European Party Systems: Continuity and Change", *Changing Patterns of Electoral Volatility in European Party Systems: Explorations in Explanation*, 1983, pp.29-66.

② 〔意〕乔万尼·萨托利：《政党与政党体制》，王明进译，商务印书馆2006年版，第335—336页。

这种做法或组织的可预见性来建立自己的预期、调整自己的取向及行为。"一个制度化的政党体制就是行为者根据未来将出现的政党竞争的基本轮廓和行为的基本规则发展自己预期和行为的体制。"① 在这样的体制下,谁是主要政党,以及它们如何行为具有稳定性。制度化不完全排除变化,但是限制变化。

梅因沃林认为,在不考虑制度化程度的前提下衡量和比较当代民主政体中的政党体制忽视了与政党数量同样重要的其他因素。"如果把分析限定在发达国家,它们之间的制度化程度区别远远小于它们与其他国家之间的差别。然而,从1974年第三波民主化开始以来,越来越多的中低收入国家实行了民主化,其中许多国家的政党体制是不稳定的。要更全面地划分政党体制必须使用制度化这个关键性维度。"② 制度化在定义上不应该是目的论的,也不应该是线性的过程。制度化在概念上是一个连续性变量,但不一定存在从弱到强的制度化过程。制度化不一定依靠特定的政党,它可以出现在政党组织相对松散的体制中,比如美国;也可以出现在政党组织严密、意识形态强的体制中,比如某些西欧国家。制度化既可以通过程序化也可以通过庇护关系实现。

二、政党体制制度化的维度及测量

梅因沃林归纳了民主条件下政党体制制度化的四个维度。第一,政党间竞争模式。政党间竞争模式具有规律性是政党体制制度化的重要特征。选举波动是衡量和比较政党竞争模式规律性的主要指标。制度化程

---

① Scott Mainwaring, *Rethinking Party Systems in the Third Wave of Democratization: The Case of Brazil*, Stanford University Press, 1999, p.25.

② Scott Mainwaring, *Rethinking Party Systems in the Third Wave of Democratization: The Case of Brazil*, Stanford University Press, 1999, p.23.

度不同,选举波动也存在巨大差别。梅因沃林通过计算发现,大部分拉丁美洲国家和苏联、东欧国家的选举波动远高于发达国家。

第二,政党的社会根基。在制度化程度高的政党体制中,政党有着牢固的社会根基。大部分选民能感受到与固定政党的联系,通常都会支持其候选人,组织化的利益集团也持续支持某个政党。同时,政党倾向于坚持其意识形态立场,保证铁杆追随者的稳定约束着政党的行为。政党的社会根基可以通过以下几方面测量:(1)选举波动。选举波动低意味着大部分选民在历次选举中支持同一个政党。相反,高选举波动意味着选民有可能改变自己的选举取向,表明政党的社会基础薄弱。(2)民意调查。如果大部分选民表示在历届选举中都支持同一个党的候选人,那说明政党的社会基础较扎实。(3)不同投票模型间的交叉和分离情况。例如,在实行总统制的国家,如果总统选举和议会选举中政党得票情况差别不大,说明选民基本上是根据政党标签来投票。如果差别相当明显,说明其他因素而非政党偏好左右着人们的选择。(4)无党派和反对政党的候选人赢得选举的能力。在选民普遍具有政党认同时,这类代表难以获胜。而在政党体制不稳定的新民主国家,独立政治候选人有机会赢得胜利。(5)政党存在的时间。政党存在的时间长,表明它们很可能获得某些社会阶层的长期忠诚。

第三,政党的合法性。合法性通常指对于政权的态度,这个概念也可用于民主制度。考虑到即便在历史悠久的民主国家中,政党一般也处于信任率最低的政治机构之列。只要政治行为者依然把政党看作民主政治必不可少的组成部分,政党就是合法的。对政党合法性的测量主要依靠民意调查来实现。此类调查主要聚焦公众是否把立法机构和选举看作政治图景的组成部分,以及政党对于民主政治是否是必要的。在一些刚经历民主化的国家,由于政治失序和治理缺失,社会中普遍存在对威权时代的怀念,人们渴望回归强人统治,这直接威胁到民主制度的生存。

公众们相信民主制度，相信政党是民主制度所必需，政党才享有较高的合法性。梅因沃林指出，"即使考虑到近年来西方民主国家中公众不断增加的政党冷淡，大多数第三波民主化国家中政党的合法性仍然更低。"[1]

第四，政党的组织水平。除美国有些特殊外，大部分政党体制制度化程度较高的国家，如西欧各国，政党组织相当强大。这些国家的政党在历史上一直拥有丰富的资金、积极的大众成员、高素质成规模的专业工作人员以及忠诚的当选代表。党内建立了相对清晰、稳定的领导人选拔程序和组织结构。在大部分第三波民主国家，政党的资源匮乏且专业化较弱。许多政党是个人工具，政治家并不忠于自己的党，变换党派是经常的事。对政党组织情况的考察应着眼以下几点：(1) 政党是否有自己独立的地位和价值，或是受到少数有野心的领导人操控。(2) 政党是否结构巩固，组织完善，覆盖地域广阔，拥有自己的资源。(3) 党内各项程序，包括选择和变更领导团体的程序是否实现常规化。(4) 政治家是否能轻易改变政党或在不同政党间改换门庭，政党成员是否超越对单个领导的效忠，而具有对组织以及某些最低集体目标的忠诚。

梅因沃林指出，上述制度化的四个维度是相互影响的。在理论上，一种体制可以在某个方面制度化程度很高，而在另一个方面较低，但是在经验上，这是例外。

三、政党体制制度化与民主绩效

梅因沃林注意到，制度化程度对认识民主实践中的许多问题至关重

---

[1] Scott Mainwaring, *Rethinking Party Systems in the Third Wave of Democratization: The Case of Brazil*, Stanford University Press, 1999, p.35.

要。根据前述制度化的四个维度,他将民主条件下的政党体制分为制度化的政党体制(Institutionalized Party System)和不稳定的政党体制(Fluid Party System)或称初始的政党体制(Inchoate Party System)。"制度化的政党体制高度构建着政治过程,在不稳定体制下,政党虽然在某些方面是重要的行为者,但是没有这种构建影响。"[①] 不稳定的政党体制意味着政党竞争的模式和规则规律性不强,社会基础薄弱,政党和选举的合法性低、党的组织弱以及经常是由个人化的领导人控制着,这会对民主运行带来诸多不利影响。

一方面,不稳定的政党体制影响政党选举功能的发挥,削弱了民主政治的合法性与稳定性。在民主政治场域中,公众定期通过选票选举负责任的政府,建立政府对公众的负责机制。这种负责机制需要依靠政党间的竞争来实现。在制度化的政党体制中,政党通常从自身长远利益出发选拔候选人和制定竞选纲领。公众能够清晰了解各政党的立场与政策,建立对特定政党的认同。选民通过投票选出代表自身利益的政党,政党通过执政和立法过程兑现选举承诺。政党与选民的这种互动,使政府对公民的负责机制得以建立,民主政体因此获得合法性。在不稳定的政党体制中,充斥着个人独裁、寡头统治和家族政治,"个人因素取代政党与选民的联系主导着投票行为,这种趋势助长了民粹主义"[②]。个人化的政党缺乏可信的纲领,为博得支持,它们倾向追求满足眼前利益的政策;为赢得选举,它们不惜采取街头暴力等非民主手段。政党更替十分频繁,选民难以形成对政党的认同,民主的负责机制也不复存在。

---

① Scott Mainwaring and Timothy Scully, *Building Democratic Institutions: Party Systems in Latin America*, Stanford University Press, 1995, p.2.

② Scott Mainwaring and Timothy Scully, *Building Democratic Institutions: Party Systems in Latin America*, Stanford University Press, 1995, p.22.

当政党体制制度化水平较高时，各种政治力量遵循民主规则，通过组织政党参与选举谋求对公权力的影响。当政党体制不稳定时，频繁的政党轮替导致立法机构和政府组成人员大幅变动，各项政策出现重大变化的可能性上升，民主发展的前景变得难以预料。各政治行为体对选举制度的信心受到打击，反政党力量可能伺机而起。在政党体制羸弱的情况下，传统社会关系模式取代现代政治动员模式。政治恩赐主导着政党—选民关系，选举中充满舞弊行为。这种政党体制促进了精英阶层的利益，却牺牲了普通公众的利益，导致了对政党的普遍反感和厌恶情绪。

另一方面，不稳定的政党体制限制政党治理功能的发挥，降低了民主政治的有效性。政党连接国家与社会的功能不仅体现在选举过程中。在选举过后，政党通过组织政府和参与立法机构，将从社会中综合起来的利益诉求转换为政府的决策和国家法律，实现对社会的治理。制度化的政党体制能够有效聚合社会各方面的利益，通过行政和立法等渠道使之得到表达。政府、议会和政党之间联系通常比较紧密，议会中执政一方的政党对政府施政提供稳定支持，在野一方的政党则依法对政府实施监督。"在制度化弱的政党体制中，政党无法有效聚合社会利益，弥合社会矛盾。"① 政党本身面临合法性危机，通过政党竞争产生的政府也软弱无力。政党在竞选期间往往通过利益交换组成暂时的联盟，这种联盟关系在选举后很容易因分赃不均或政府执政满意率下降而土崩瓦解，因此政府难以获得政党的稳定支持。立法机构内议员频繁转换政党以及政党关系的不稳定，制约了立法功能和对政府监督职能的发挥。国家政权机构各部分关系变得松散，难以按规章制度运行。政府官员和议会议

---

① Scott Mainwaring and Timothy Scully, *Building Democratic Institutions: Party Systems in Latin America*, Stanford University Press, 1995, p.26.

员中饱私囊，贪污腐败现象严重。民主政治的有效性大为降低。

总之，尽管在政党体制制度化水平低的情况下民主政治可以生存下去。但政党体制不稳定，民粹主义抬头，负责机制弱，高度的不确定性，治理效率低下，腐败丛生，民主实践的质量无疑将处于低水平。虽然制度化弱一般都与各种问题有关，但这不意味着极端制度化就具有积极意义。梅因沃林清醒地认识到，"一个错乱的政党体制也可以产生很高的制度化。政党体制的制度化与民主质量间的关系远不是线性的。制度化的政党体制也并不是万能良药。"①

四、从上而下塑造政党体制的力量

有关西欧政党研究的重要文献一直强调社会分化在构建政党体制中的作用。在西蒙·马丁·李普塞特（Lipset Seymour Martin）和斯坦·罗坎（Stein Rokkan）的开创性著作中，两位作者提出西欧政党体制的主要差别反映了社会分化的不同结构。他们认为，政党赢得并保持着不同社会团体的忠诚，四种主要分化构建了政党体制，它们分别是宗教、阶级、中心—边缘关系以及城市—农村关系。② 理解西欧政党体制形成的另一个主要方法是安东尼·唐斯（Anthony Downs）提出的空间模型。空间模型主张政党体制是按照选民的偏好分配形成的。③ 从这点出发，选民选择的政党候选人是与他们的立场最近的。

---

① Scott Mainwaring, *Rethinking Party Systems in the Third Wave of Democratization: The Case of Brazil*, Stanford University Press, 1999, p.26.

② Seymour Martin Lipset and Stein Rokkan, *Party System and Voter Alignment, Cross National Perspectives*, Free Press, 1967, p.50.

③ 〔美〕安东尼·唐斯：《民主的经济理论》，姚洋等译，上海世纪出版集团2005年版，第128—130页。

与研究西欧政党的理论大都强调社会力量自下而上塑造着政党体制不同。梅因沃林认为，来自国家与上层政治精英的力量对第三波民主国家政党体制的形成影响更大。大部分第一波国家拥有长期且连续的民主历史。一般来说，同样在初期，西欧的公民社会比大部分第三波国家的公民社会更强大，能够制衡国家。对第三波国家而言，在民主化之前的威权统治阶段，国家主导着政治发展。国家领导人能够从上而下地创建政党，利用公共资源进行党的建设并且建立一个不平等的竞争环境。这种政党体制往往会延续到民主转型时期，或至少部分影响到转型后的新体制。在民主化阶段，由于与第一波国家面临不同的社会发展状况，第三波国家的政党体制更容易受政治精英影响。因为政党的社会基础薄弱，组织路线制度化程度低，第三波国家政党体制中的政治家在与选民的关系上具有高度自主性。"他们能够利用这种自主性来改变党的性质，进行党的合并，导致党的分裂。他们的行为几乎不反映下层要求，这将从根本上改变政党体制。"①

梅因沃林认为，对第三波国家而言，政治精英可以通过制度选择与制度设计来提高政党体制的制度化水平。与部分学者怀疑和唱衰政党不同，梅因沃林认识到，尽管政党不可避免存在缺陷，人们对其有着诸多不满，但政党在民主政治中扮演的角色在可预见的将来无法被取代。构建一个制度化程度相对较高的政党体制对于民主发展无疑更为有利。虽然政治精英们彼此存在利益分歧，但制度化程度低的政党体制将在整体上给民主运行带来消极影响。"即使是时常把政党视为执政阻碍的总统，也会乐见一个更加制度化的政党体制。"② 因此，通过制度选择和

---

① Scott Mainwaring, *Rethinking Party Systems in the Third Wave of Democratization: The Case of Brazil*, Stanford University Press, 1999, p.59.

② Scott Mainwaring, *Rethinking Party Systems in the Third Wave of Democratization: The Case of Brazil*, Stanford University Press, 1999, p.337.

制度设计来提高政党体制的制度化是可行的。

具体而言，在民主政体初创阶段，7个方面的制度对于政党体制的塑造具有重要意义：(1) 在政体选择上，一般认为议会制比总统制更有利于政党作用的发挥。议会制条件下，选民在投票时较多考虑政党因素，政府首脑由政党领袖担任。总统制条件下，选民选择总统更看重其个人素质，独立候选人和反政党的政治领袖有可能胜出。(2) 在议会选举采取比例代表制的地区，适当提高选举门槛，以小选区代替大选区有利于限制议会中的政党数量。(3) 在采取开放名单比例代表制的情况下，议员当选与否主要取决于自身因素，因此对政党的忠诚度较低。在封闭名单比例代表制情况下，政党高层决定着候选人当选的顺序，候选人及当选议员对政党的忠诚度较高。(4) 有关选举顺序，一方面，过多的选举导致党内围绕候选人展开长期竞争，不利于政党日常建设，选民也会对选举变得冷淡。另一方面，在总统制条件下，如果总统选举和议会选举同时举行，将有助于政党在总统选举中发挥更大影响力。(5) 关于候选人的提名权，如果一个政体中只有政党可以提名总统或议会候选人，无疑有助于提高政党在政治体系中的地位。(6) 有关国家结构形式，联邦制容易造成政党的权力分散和异质化，单一制有助于形成全国范围内统一领导的政党。(7) 总统如果拥有颁布法律的权力，将会使总统相对于议会占有优势地位，这不利于政党影响力的发挥。

梅因沃林的以上论述几乎涵盖了一国政治制度的所有方面。连他自己都承认，"这些巩固政党地位的措施如果统统实行，势必导致政党体制的僵化和寡头统治的出现。"[1] 他的初衷是希望第三波国家的政治精

---

[1] Scott Mainwaring, *Rethinking Party Systems in the Third Wave of Democratization: The Case of Brazil*, Stanford University Press, 1999, pp.340-341.

英在设计本国政治制度时将构建一个制度化程度较高的政党体制纳入考虑范围。毕竟，这类国家面临的实际情况是政党体制的制度化水平过低。

五、政党体制制度化学说的价值与局限性

政党体制制度化这一概念及学说的提出，无疑是对西方政党理论的重大发展。以萨托利的著作《政党与政党体制》为代表，西方学界对政党体制的研究长期依循政党数量及意识形态距离两个维度。梅因沃林的学说不仅在研究方法上另辟蹊径，提出有别于前人的分析框架，从制度化角度探讨政党体制分类，以及政党体制与民主的关系。并且将研究视野拓展到欧美国家之外，以广大新兴民主国家为主要研究对象，为政党体制在这些国家的存在和运行提供了合理解释。这一学说的提出，使政党体制的研究范围覆盖到所有民主国家，改变了该领域理论研究落后于实践发展的局面。

以梅因沃林的学说为基础，20世纪90年代中后期开始，有关拉丁美洲、苏联及东欧地区、东亚和非洲国家政党与政党体制的研究得到蓬勃发展。梅因沃林学说的两个核心观点（制度化概念应成为对第三波民主国家政党体制进行有效分析、归类和比较的起点，不稳定的政党体制对于民主运行具有负面影响）在围绕这些国家的研究中一再得到验证。梅因沃林没有停止理论探索的脚步，在最近的撰文中他提出，为进一步分析政党体制制度化对民主转型的影响，有必要将研究领域从民主和半民主条件下的政党体制，拓展到民主转型前的政党体制。在此基础上，他完善了有关政党体制制度化与民主相互关系的论述。认为制度化概念本身是价值中立的，并不必然促进或阻碍民主。在民主条件下，中等或较高制度化水平的政党体制有利于民主运行，极端制度化的政党体

制与民主原则相背离。在非民主条件下，制度化的政党体制反而推迟了民主转型的到来。① 梅因沃林坦言，面对新的研究对象，有必要对政党体制制度化的衡量维度进行新的思考。其他学者也结合自身研究丰富和发展了梅因沃林的学说。如诺登·德博拉·李（Norden Deborah Lee）认为，考察政党间竞争模式必须考虑到政党间竞争的性质。他归纳了斗争型竞争、温和型竞争、合谋型竞争三种政党竞争模式。并指出，温和型竞争与合谋型竞争都表现为较低的选举波动，但后者与斗争型竞争一样不利于政党竞争模式的稳定。② 佩姬·约翰逊·谭（Paige Johnson Tan）则基于他对东南亚政党体制的研究，主张将梅因沃林关于政党体制制度化的四项标准与萨托利的政党数量及意识形态维度结合起来进行分析。③ 有理由相信，对政党体制制度化的研究必将持续深入。

本章小结

不可否认，梅因沃林的学说也存在局限性。他认识到大部分第三波国家的社会状况较之1970年代前的西欧大不相同，由此得出了自上而下的力量在第三波国家政党体制的塑造中发挥着主导作用这一结论。他认为，要提高政党体制的制度化水平，必须强化政党在政治体系中的影响力，加强政党领导层相对于本党候选人和基层组织的控制力。然而，政党生长的土壤在于社会，保持与社会的密切联系是政党合法性的来

---

① Allen Hicken and Erik Martinez Kuhonta (eds.), *Party System Institutionalization in Asia: Democracies, Autocracies, and the Shadows of the Past*, Cambridge University Press, 2014, p.373.

② Norden Deborah Lee, "Party Relations and Democracy in Latin America", *Party Politics*, Vol.4, 1998, pp.440-441.

③ Paige Johnson Tan, "Reining in the Reign of the Parties: Political Parties in Contemporary Indonesia", *Asian Journal of Political Science*, Vol.20, 2012, pp.155-175.

源。梅因沃林提出的一系列制度措施无法解决政党因脱离社会而合法性日益下降的困境。从更深层次上看，政党体制作为一国政治体制整体架构的组成部分，不可能不受制于特定经济基础与社会结构。竞争性选举的前提和基础是同质化社会，即基于同一民族、共同信仰和平等化社会结构的社会。竞争性选举的一个重要功能是利益分配而不是发展。有鉴于此，在一个异质化的发展中国家搞政党间的竞争性选举，轻者造成无效治理，中者发生周期性政治动荡，重者酿成国家分裂。梅因沃林提高政党体制制度化的种种设想，本质上是为西方式民主在广大发展中国家寻找出路，无法从根本上克服竞争性选举与广大发展中国家实际状况间的内在矛盾，其结果只能是缘木求鱼。

第九章　政党体制类型变迁与政治转型：以土耳其为例

类型学视角是研究政党体制与政治发展关系的重要路径。从政党体制类型变迁看，土耳其共和国自成立至今，先后经历了一党制、两党制、温和多党制、极化多党制和主导党制五种政党体制。转型时期，世俗精英通过军队对政治进程施加影响，成为政党体制变革的直接原因，世俗化与民主化的矛盾是推动政党体制变革的根本动力，社会动荡与经济危机是政党体制变迁的诱发因素，欧盟是影响土耳其政党体制的主要外部力量。土耳其政治转型的过程，也是其政党体制不断适应政治现实，发挥自身功能，逐步确立在政治生活中核心角色的过程。当前土耳其处于民主巩固的历史阶段，在政党体制制度化方面，还存在着一些民主政治发展的制约因素。

作为民主政治的运行机制，政党体制一直是政治发展研究的重要议题。关于政党体制与民主发展的关系，主要有两种研究视角。一种是政党体制类型学视角。如莫里斯·迪韦尔热（Maurice Duverger）从政府稳定性的角度，认为在议会制下，多党制导致异质性从而削弱政府，两党制由于建立在同质人的基础上，政府内阁趋于稳定。① 西蒙·马丁·李普塞特（Seymour Martin Lipset）在比较美国与其他国家政党体制的基础上，进一步阐明了两党制相对于多党制更有利于民主巩固的观点。② 乔万尼·萨托利（Giovanni Sartori）从政党竞争的角度，认为两党制与温和多党制引导政党进行向心竞争，而极化多党制与极端多党制导致政党间的离心竞争，后者容易造成竞争性政党体制自身的瓦解。③

另一种是制度化视角。如塞缪尔·亨廷顿（Samuel Huntington）认为，就政治发展而言，重要的不是政党的数量而是政党制度的力量和适应性，它取决于政党组织的制度化程度。④ 他将制度化定义为"组织和程序获取价值观和稳定性的一种进程"，并以适应性、复杂性、自主性、内聚力四个方面作为衡量政党等政治组织强大与否的标准。⑤ 安德鲁·帕尼比昂科（Angelo Panebianco）在继承亨廷顿研究成果的基础上，构建出"对外自主性"和"对内系统性"两个视角的分析框架，区分政党组织制度化水平的不同指向。⑥ 斯科特·梅因沃林（Scott Mainwaring）在考察第三波民主化浪潮中拉美国家政党政治的运行后，从体系层次研究了政党体制的制度化，并以政党间竞争模式、政党的社会

---

① Maurice Duverger, *Political Parties: Their Organization and Activity in the Modern State*, Methuen, 1959, pp.407-408.

② Seymour Martin Lipset, *The First New Nation: The United States in Historical and Comparative Perspective*, W. W. Norton, 1979, pp.307-308.

③ 〔意〕乔万尼·萨托利：《政党与政党体制》，王明进译，商务印书馆2006年版，第476—487页。

④ 〔美〕塞缪尔·亨廷顿：《变化社会中的政治秩序》，王冠华等译，生活·读书·新知三联书店1996年版，第388页。

⑤ 〔美〕塞缪尔·亨廷顿：《变化社会中的政治秩序》，王冠华等译，生活·读书·新知三联书店1996年版，第12—22页。

⑥ Angelo Panebianco, *Political Parties: Organization and Power*, Cambridge University Press, 1988, pp.49-53.

基础、政党合法性、政党组织结构作为考察维度。①

从政治发展的长周期看，政党体制类型的变化对于政治参与和政治稳定无疑具有显著影响。而就特定历史时期而言，政党体制的制度化水平之于民主发展则具有更重要的意义。考察政党体制变革与民主发展的关系，应把纵向的历史维度与横向的制度维度结合起来，既把握政党体制类型的演变，同时考察不同阶段政党体制的力量与适应性。作为中东地区较早开始民主转型的国家，土耳其的民主化因其特殊历史背景与文化环境而体现出独特范式。在政治现代化进程中，土耳其经历了所有主要政党体制类型，其制度化水平也经历了复杂的变化过程。回顾政党体制变革的历史进程与影响因素，是研究土耳其政治转型的重要路径。土耳其的转型经验对于发展中国家，特别是穆斯林国家具有重要借鉴意义。

一、土耳其政党体制从一党制到主导党制的转变

类型学视角鲜明勾勒了政党体制的质性变化。萨托利以相关性政党数量及其意识形态分化程度为依据进行的划分，是学界较为公认的分类标准。他将政党体制分为竞争性体制和非竞争性体制两大类，其中竞争性体制包括两党制、温和多党制、极化多党制和主导党制，非竞争性体制包括一党制和霸权党制。② 按照这一标准，土耳其共和国自成立至

---

① Scott Mainwaring, *Rethinking Party Systems in the Third Wave of Democratization: The Case of Brazil*, Stanford University Press, 1999, pp.22-39.

② 在萨托利的分类中，还有两种亚类型，即极端多党制和粉碎型体制。极端多党制指一个政党体系中存在5个或5个以上政党，与极化多党制相比，没有包含意识形态维度。粉碎型体制指一个政党体系中包含数量众多的小党，它一般出现在政党体制形成的初始阶段。以上两种都不是萨托利对政党体制划分中的主要类型。参见〔意〕乔万尼·萨托利：《政党与政党体制》，王明进译，商务印书馆2006年版，第178页。

今，先后经历了五种政党体制。

1. 一党制时期

从1923年共和国成立到1946年实行民主化，是土耳其的一党制时期。诞生于第一次世界大战（以下简称"一战"）后的土耳其共和国，是土耳其人民争取民族解放和主权独立的历史产物。1923年，穆斯塔法·凯末尔·阿塔图尔克（Mustafa Kemal Atatür）在安纳托利亚和鲁美利亚保卫权益协会的基础上创建人民党，后改称共和人民党。[①] 作为民族革命的产物，共和人民党成为凯末尔主义者推行激进世俗化改革的政治工具和构建新的土耳其民族国家的制度设计。一党制成为共和政体形式下威权统治的表现形式。凯末尔主义的六项主张即民族主义、共和主义、世俗主义、民众主义、国家主义和革命主义成为共和人民党的意识形态。尽管这一阶段也曾出现过进步共和党、自由共和党等反对党，但它们存在的时间很短，只是一党制时代的插曲。

土耳其从威权政治向民主政治的转型始于二战结束后。凯末尔时代，土耳其的现代化实践主要限于城市范围，广大乡村农民的生活境况没有明显改善。二战期间，土政府实行的强化国家主义的经济政策遭致城市中产阶级和广大农民的反对。[②] 激进世俗化改革损害了传统教界的利益，并在意识形态方面切断了连接国家与民众的纽带。1938年凯末尔死后，继任者不再具有克里斯玛式的权威。二战结束后，外部局势得到缓和，一党威权统治面临严重危机。二战后土耳其加入了美国为首的西方阵营，西方压力也成为摆脱威权体制的重要原因。1946年1月，前共和人民党议员创建了民主党。同年7月的议会选举首次出现执政党

[①] Clement Henry Dodd, *Politics and Government in Turkey*, Manchester University Press, 1969, p.44.

[②] Erik Jan Zurcher, *Turkey: A Modern History*, IB Tauris, 2004, pp.215-217.

与反对党角逐席位的局面,民主党凭借 62 席进入议会。① 次年 7 月,共和人民党正式承认反对派政党的合法性及在议会中的平等地位,宣布总统脱离政党,政党组织与政府机构分离。②

2. 两党制时期

1946 年至 1960 年是土耳其的两党制时期。1950 年民主党赢得议会选举,成功实现和平的政党轮替。民主党的支持者主要是凯末尔改革时期被边缘化的保守人群。民主党坚持世俗主义原则,致力于发展私营经济。但为扩大选民基础,对宗教活动更趋宽容,例如恢复阿拉伯语宣礼,开办古兰经学校。③ 通过将自由主义经济政策与传统价值观要求相结合,民主党赢得了广泛支持。在 1950 年代的三次议会选举中,阿德南·门德列斯(Adnan Menderes)领导的民主党获得了多数席位,民主党与共和人民党赢得大部分选票,小党力量非常有限。选举中采取的多议员选区制且获胜名单取得全部席位的办法保证了大党的优势。由于议会席位长期过半,以及缺少监督机制,门德列斯政府日益体现出专制倾向。20 世纪 50 年代中期开始,国家经济形势恶化、通胀严重。政治地位的下降导致世俗力量,特别是军人的不满。民主党政府的独裁做法使得 1960 年春季整个国家出现动荡,最终导致该年 5 月 27 日军队发动政变推翻政府。

---

① 哈全安、周术情:《土耳其共和国政治民主化进程研究》,上海三联书店 2010 年版,第 86 页。

② Kemal H. Karpat, *Turkey's Politics: The Transition to a Multi-party System*, Princeton University Press, 2015, p.192.

③ Birol Akgün, "Aspects of Party System Development in Turkey", *Turkish Studies*, Vol.2, No.1, 2001, p.74.

3. 温和多党制时期

1961年至1980年，土耳其政党体制呈现温和多党制的特点。1960年政变后民主党被取缔。军队推动成立的制宪大会于1961年制定新宪法，扩大了公民的民主自由权利，放宽对组建新政党的限制，同时加强政治体系中各部分间的相互制衡，避免政府独裁。① 比例代表制选举办法的采用利于小党在议会中获得席位。在1961—1980年间的5次议会选举中，两个主要大党正义党与共和人民党虽获得了70%以上的选票，控制着80%的议席，但除了1965年至1971年由继承民主党衣钵的正义党单独执政外，其他时间要么是联合政府，要么是少数派政府。这说明议会中小党的影响在增加，且这些小党具有较强的意识形态色彩。

1960年代初左翼思潮在土耳其广泛传播。土耳其工人党在1965年首次参加议会选举并获得15个席位。共和人民党为吸引城市中间选民公开宣扬社会民主主义。② 工人运动和左翼思潮的发展激发了民族主义者的对抗情绪。1969年极端民族主义政党——民族行动党进入议会，1970年1月民族秩序党的创建标志着主张政教合一的政治伊斯兰的兴起。20世纪60年代末，民族行动党等右翼势力针对左翼人士采取恐怖袭击，土耳其出现动荡不安的局面。1971年3月12日，军队迫使正义党苏莱曼·德米雷尔（SüleymanDemirel）政府倒台，这次政变又称"备忘录政变"（1971 Turkish Military Memorandum）。整个70年代，土耳其经历了7届联合政府，政党组合变化频繁，右翼政党得到发展。由于经济停滞，失业率和通胀不断上升，几届政府均不得民心。随着政治

---

① Ergun Özbudun and Ömer Faruk Gençkaya, *Democratization and the Politics of Constitution-making in Turkey*, Central European University Press, 2009, pp. 14-17.

② Ersin Onulduran, *Political Development and Political Parties in Turkey*, Ankara Üniversitesi Basimevi, 1974, pp. 59-60.

动乱与社会分裂的加剧,军队于1980年9月12日再次发动政变,并废除了1961年宪法。

4. 温和多党制向极化多党制转变时期

1980年代至1990年代,土耳其政党体制处于温和多党制向极化多党制的转变时期。1980年政变后,军政权取缔了所有政党,并推动制定了1982年宪法,重建国家秩序和权威。政党受到严格限制,总统权力得到加强,军队继续被赋予"监督"民选政府的责任。1983年议会选举在比例代表制的基础上规定政党必须获得10%的全国选票方有资格获得席位,选区也被重新划分。① 此举旨在重塑由温和的中左与中右政党组成的两党制。三个政党获准参加竞选,吐尔古特·厄扎尔(Turgut Özal)领导的祖国党击败了军队扶持的对手获得过半席位,土耳其自1969年后首次出现一党多数政府。厄扎尔宣称祖国党代表了自由主义、温和伊斯兰主义、保守主义和民族主义四种主要社会思潮。他依靠个人魅力与成功的改革措施将祖国党执政的稳定局面维持到1987年。这期间土耳其在经济、官僚机构、社会文化领域进行了广泛的自由化改革,市场经济迎来黄金发展期。

进入20世纪90年代,土耳其政党体制愈加极化和碎片化。经济改革损害到部分群体的利益,城市和乡村低收入阶层不再支持改革政策。1987年土耳其举行公民投票,解除1980年政变后对政党领袖参政的限制。上述变化直接导致祖国党在1991年议会选举中得票率大幅减少,政局再次回到联合政府状态。由于老政客们重返政坛并组建新党,中左、中右意识形态领域出现多个政党相争的局面,它们在软弱的联合政

---

① Birol Akgün, "Aspects of Party System Development in Turkey", *Turkish Studies*, Vol.2, No.1, 2001, p.78.

府中无力应对通胀、失业和官僚腐败问题,为激进力量重返政坛创造了时机。伊斯兰政党和极端民族主义政党时隔 11 年再次进入议会。繁荣党在 1995 年议会选举中成为第一大党,民族行动党在 1999 年选举后成为议会第二大党。整个 90 年代,议会中有五个政党存在。中右中左政党发生分裂,其力量从占议会九成席位降至不到六成。取而代之的是右翼的繁荣党和民族行动党力量的壮大。① 在军方压力下,繁荣党于 1998 年被取缔。1999 年选举后形成了中左、中右和右翼三党联合政府,土耳其政局在低迷的经济形势下维持着脆弱的平衡。

表 9.1 民主化以来土耳其政党体制变化情况

	政党体制类型	议会中主要政党及其意识形态	具有影响力的其他议会政党及其意识形态	军方对议会影响程度
1950年代	两党制	民主党(中右)、共和人民党(中左)		较弱
1960年代	温和多党制	正义党(中右)、共和人民党(中左)	新土耳其党(中右)、国家党(中右)、土耳其工人党(左翼)	强
1970年代	温和多党制	正义党(中右)、共和人民党(中左)	救国党(右翼)、民族行动党(右翼)	较强
1980年代	温和多党制	祖国党(中右)	社会民主党(中左)、正确道路党(中右)	强

---

① See Ergun Ozbudun, "Turkey: How Far from Consolidation?", *Journal of Democracy*, Vol.7, No. 3, 1996, pp.123-138; Ziya Onis, "The Political Economy of Islamic Resurgence in Turkey: The Rise of the Welfare Party in Perspective", *Third World Quarterly*, Vol.18, No. 4, 1997, pp.743-766.

(续表 9.1)

	政党体制类型	议会中主要政党及其意识形态	具有影响力的其他议会政党及其意识形态	军方对议会影响程度
1990年代	极化多党制	正确道路党（中右）、繁荣党（后为美德党）（右翼）、祖国党（中右）、民主左派党（中左）	社会民主党（后为共和人民党）（中左）、民族行动党（右翼）	较强
2002年至今	主导党制	正义与发展党（中右）	共和人民党（中左）、民族行动党（右翼）、人民民主党（右翼）	弱

5. 主导党制时期

2002年至今，土耳其政党体制一直是主导党制。为应对严重的政治伊斯兰倾向，1997年2月28日，国家安全委员会对纳奇麦丁·埃尔巴坎（Necmettin Erbakan）联合政府发出警告，迫使其倒台。繁荣党随即被取缔，其成员组成美德党，然而美德党也于2001年被取缔。"2.28进程"让伊斯兰政党认识到必须改变固有策略，同时建立保障民主的相关制度，否则再多选票也不能换取执政合法性。以雷杰普·塔伊普·埃尔多安（Recep Tayyip Erdoğan）和阿卜杜拉·居尔（Abdullah Gül）等为代表的繁荣党改革派随即于2001年8月组建了正义与发展党（以下简称"正发党"）。正发党努力淡化伊斯兰背景，将民主与宗教自由相结合，把自己定义为保守的民主政党，以吸引温和务实的伊斯兰分子和民主派。[1] 2002年议会选举正发党获得64%的席位，得以组建一党多

---

[1] E. Fuat Keyman, "Modernization, Globalization and Democratization in Turkey: The AKP Experience and its Limits", *Constellations*, Vol.17, No. 2, 2010, p.320.

数政府。① 在随后的2007年和2011年选举中，正发党均获得过半席位，并扩大了相对于反对党的优势，确立了主导党制。2015年6月的大选中，正发党13年来首次未获议会过半席位，主导党地位面临挑战。在组成联合政府的谈判破裂后，土耳其于11月再次举行议会选举，正发党以49.4%的得票率重获议会多数得以单独组阁。②

正发党在2002年执政后随即以哥本哈根标准为依据，利用加入欧盟的改革快速削弱军队权力。在其主导下，土耳其议会不断修改宪法，调整国安会结构与功能。政府还撤换军方安排在各部门的官员，并由内政部门逐步代替军队负责国内安全。③ 经过三轮投票，正发党候选人居尔于2007年当选总统，世俗精英被边缘化。在此次总统选举中，正发党受到前总统、军队、宪法法院、共和人民党组成的反对联盟的强大压力。2008年正发党被以"违反土耳其宪法和政党法的世俗主义原则"的罪名受到宪法法院审判，险遭取缔。危机过后，正发党决心进一步展开攻势。通过2010年公投掌握司法机构控制权，以及2014年8月埃尔多安成为第一位直选总统，正发党取得了对世俗精英的决定性胜利。军队与民选政府关系的根本改变标志着土耳其进入民主巩固的历史阶段。

二、转型时期政党体制变革的影响因素

发展中国家的革命或民族主义过程通常会建立起一党或以一党为主

---

① Sabri Sayari, "Towards a New Turkish Party System?", *Turkish Studies*, Vol 8, No.2, 2007, p.198.

② "Turkey Election: Ruling AKP Regains Majority", BBC News, http://www.bbc.com/news/world-europe-34694420, 2016-02-30.

③ 李智育：《土耳其正义与发展党政权的外交政策成因分析》，载《阿拉伯世界研究》2012年第5期，第55—70页。

的政治制度。土耳其共和国成立之初的一党制即是民族运动的产物。在革命完成与外部威胁解除的情况下,民族主义政党威权统治的合法性随即遭到严峻挑战。在各方压力下土耳其开启了民主化进程,它首先是以共和人民党和由它派生出的反对党民主党在既有制度内带头扩展体制而展开的。这种模式保证了政治进化最大限度的连续性,而体系内部力量斗争的过程在绝大多数情况下会导致两党制。民主化以来,土耳其政党体制经历了两党制、温和多党制、极化多党制和主导党制。政党体制转变的原因可以从以下几方面加以分析。

第一,世俗精英通过军队对政治转型施加影响是政党体制变革的直接原因。在经历长时期、深刻的、大规模现代化进程后,共和主义、民族主义和世俗主义已深深植根于土耳其社会。共和国建立后,世俗精英长期执政。在1946年后的民主化时代,政治改革的方向仍长期掌握在凯末尔主义者手中,他们是土耳其当代政治体系的缔造者和监护者。民主化使选举上台的政治精英与传统世俗精英间存在很大张力。凯末尔主义政党在选举中往往难以取得优势,军队干政便成为世俗力量保持政治影响力的重要手段。军队是凯末尔革命的核心力量,是捍卫共和国政教分离的世俗主义原则的柱石。1960年军事政变是为了挽救因民主党独裁而破坏的民主议程,1970年和1980年政变旨在结束冷战期间因"左"右之争而导致的社会动荡,1997年的"2.28进程"主要是打压激进伊斯兰主义。每次干政后,军政权都会以制度跟进的方式确保对政治的监管。1961年宪法扩大了公民基本权利和自由,放宽了对组建新政党的限制。在议会中新设参议院,修改总统职权和任期,成立有权取缔政党的宪法法院等举措旨在监督民选政府,防止文官独裁。国家安全委员会的建立使军队干政有了合法的制度性渠道。① 1982年宪法对政党活动作出严格限制，总统权力得到加强，政府体制因此具有半总统制特点。② 选举制度也在历次制宪后加以修改。军队并不长期执政，但几乎每10年一次的军事干涉及随之而来的制度调整对土耳其政党体制产生了巨大影响。1960年政变直接中断了两党制，开启多党制时代。1980年政变使左翼几乎完全失去政治地位，中右力量和伊斯兰势力得到发展。1997年"软政变"后，严厉的打压迫使伊斯兰主义政党变得更为温和。土耳其的政治转型体现为国家力量控制下的民主。军队干政是后发国家政治现代化进程中普遍存在的现象。在一定历史时期，军队在维护政治稳定，推进政治变革方面发挥过积极作用。在土耳其，军政府多次"挽救"了宪政制度，特别是当国家滑向极端伊斯兰化时。但军队终究不能代替政党来提供政治合法性与权威性，造就有效的政治共同体。军队对政治进程的频繁干预表明政党体制的制度化水平还很低，不能有效组织急速扩大的政治参与。

第二，世俗化与民主化这一转型过程中的主要矛盾是推动政党体制变革的根本动力。民主化时代，土耳其占人口多数的保守力量试图利用民主程序达致权力中心并取得合法地位。占少数的世俗力量则竭力在民主框架内防止保守的多数滑向极端主义。政党体制正是在这两者长期的斗争与妥协中不断演进。土耳其的现代化最初是由世俗精英主导的，广大民众被排斥在进程之外，民主化前的土耳其呈现着一种"中心—边

---

① Ergun Özbudun and Ömer Faruk Gençkaya, *Democratization and the Politics of Constitution-making in Turkey*, Central European University Press, 2009, pp.14-17.

② Ergun Özbudun and Ömer Faruk Gençkaya, *Democratization and the Politics of Constitution-making in Turkey*, Central European University Press, 2009, pp.19-23.

缘"的社会结构。① 民主化结束了世俗精英对权力的垄断。不同种族、教派的人被动员起来,新的社会阶层纷纷涌现。民主党、正义党、祖国党,这些代表着过去"边缘"群体的政党一再获得选举胜利。进入1980年代,土耳其公民社会不断壮大,新兴伊斯兰资产阶级开始形成。政治伊斯兰向世俗精英设定的民主进程提出挑战。1983年7月成立的繁荣党脱胎于民族秩序党,该党公开反对世俗化,主张按伊斯兰教义治国。繁荣党在1996年议会选举中得票数第一,但因其激进主张而组阁失败,遂被迫调整立场向世俗力量妥协。该党终因在温和与激进伊斯兰政策间摇摆而遭取缔。正发党执政后,认识到只有温和伊斯兰的立场才能使自身利益最大化。它更多的将宗教作为谋求社会支持而胜选的手段,并重新解释了世俗主义,强调宗教与政治互不干涉,取消了对宗教的部分限制。正发党不仅成为占有绝对优势的议会政党,而且逐渐通过政治手段控制了军队。该党的支持者也并非大部分处于宗教原因,而更多的是认同该党的社会经济政策或是支持其候选人。伊斯兰教是土耳其社会普遍的价值认同,但只有当伊斯兰政党变得温和化,且注重人民的实际问题时,它才会得到广泛支持。世俗化与民主化的矛盾通过转型过程得以解决,世俗力量迫使激进伊斯兰政党温和化;而保守力量利用民主红利,通过政治议程终结了军队干政的可能。政党体制也在这一过程中由脆弱的多党制转变为稳定的主导党制,其自主性和适应性显著提高。

第三,社会动荡与经济危机是转型时期政党体制变迁的诱发因素。作为一种根本利益大调整的政体,民主本身就包含着内在的冲突。② 亨

---

① 昝涛:《土耳其模式:历史与现实》,载《新疆师范大学学报(哲学社会科学版)》2012年第2期,第10—22页。
② 杨光斌:《民主与世界政治冲突》,载《学术界》2014年第8期,第5—25页。

廷顿在分析发展中国家政治转型时把政治动乱的原因归之于政治参与同政治制度化之间的失衡。民主化使土耳其社会以前所未有的深广程度参与政治进程，但短期内却很难建立起与之相适应的政治制度。冲突、分裂和动荡，实际上是政党体制不成熟阶段朋党宗派热衷于攻伐乱政的病象。威权主义和国家主义的遗产造就了土耳其强国家、弱社会的格局，政党很难发挥有效沟通两者的功能。虽然国家政治层面的民主制度开始建立，但在更深层次上，人们的价值和行为与民主政治要求的现代性还相去甚远。民主化过程中，土耳其经历了多次经济危机。但同样是在民主制度下，有些时候经济发展却比较顺利。因此不能把经济的迟滞发展归因于民主制度本身，毕竟民主制度只能更换统治者，并不能直接解决经济社会问题。经济形势的好坏主要取决于统治者是否采取了符合其现实情况的发展战略或治理模式。

第四，欧盟是影响土耳其政党体制的主要外部力量。土耳其一直坚持向西方靠拢，将国内发展变革与西方标准和要求相结合。1980年政变后，来自欧洲共同体的压力促成了1983年底的议会选举和1987年9月有关解除前政治家从政禁令的全民公决，这些都直接影响到此后的政党格局。土耳其1999年成为欧盟正式候选成员国，此后通过修订法律进一步扩大政治参与和人权自由，削弱军队影响。正发党执政后，以入盟为契机巩固执政地位。从2002年2月至2004年7月先后在议会通过了九个"协调方案"，其中第七个协调方案涉及国安会的结构和功能以及政军关系，通过在国安会中增强文官职权，限制军人干预行政事务。① 从短期来看，欧盟因素加快了土耳其军方影响力的式微，使得政党体制的合法性大为提高。从长远来看，土耳其坚持

---

① Ergun Özbudun and Ömer Faruk Gençkaya, *Democratization and the Politics of Constitution-making in Turkey*, Central European University Press, 2009, pp.73-79.

向西方看齐,加强了世俗化这一政治发展基本原则的地位,保证了民主巩固的质量。

三、土耳其政党体制变革与政治发展

1. 政党体制与政治转型

"一个没有政党的国家,也就没有产生持久变革和化解变革所带来冲击的制度化手段。"① 政党和政党体制能够组织有序的政治参与,避免现代化过程中政治参与过度地扩张,进而达致政治制度化的目标。在此基础上,高水平的民主政治才有实现的可能。土耳其政治转型的过程,也是其政党体制不断适应政治现实,发挥自身功能,逐步确立在政治生活中核心角色的过程。

一党制为土耳其民主化提供了基本的政治前提和制度基础。按照丹克沃特·罗斯托（Danwart Rustow）的阐述,传统社会向现代民主制转型的经典模式包括四个阶段,即民族意识的发展,为现代的社会、经济和政治目标进行长期斗争,民主程序的制度化,民主习惯的养成。他强调民族国家统一是"民主化进程的基础条件"②。亚当·普沃斯基（Adam Przeworski）通过研究发现,民主只会在富裕的社会中生存,在贫穷的国家中民主是脆弱的。③ 一党制以政党、国家一体为中心,在构

---

① 〔美〕塞缪尔·亨廷顿:《变化社会中的政治秩序》,王冠华等译,生活·读书·新知三联书店1996年版,第372页。

② Dankwart A. Rustow, "Transitions to Democracy: Toward a Dynamic Model", *Comparative Politics*, Vol.2, No.3, 1970, pp.337-363.

③ Adam Przeworski, *Democracy and the Market: Political and Economic Reforms in Eastern Europe and Latin America*, Cambridge University Press, 1991, p.137.

建土耳其民族国家及实现现代化方面为日后民主化打下了重要基础。凯末尔将政治权威由军队转移至共和人民党，保证了革命后政权的合法性与稳定性，并运用政党的力量建立起一整套现代国家制度，推进各领域的现代化。与历史上许多后发国家一样，土耳其利用国家力量与威权主义，使现代化得以大范围、深层次地展开，为民主化开辟道路。威权体制保证了世俗化改革的成功，在几乎全民信仰伊斯兰教的土耳其社会造就了一个强大的精英世俗阶层。他们是民主进程的塑造者，是土耳其民主化相比其他穆斯林国家更为成功的重要原因。一党制的力量源于它与传统制度或保守社会的斗争，其弱点则在于政治体系内缺乏制度化竞争。威权统治长期压制着潜藏于社会中的各种矛盾，这些都成为日后冲突的根源。

两党制扩大了政治参与，改变了政治体系中的权力结构。意见的两极化和冲突的积累促进了政治参与的扩大。政党参加竞选，则为在制度构架内部进行政治动员提供了一种机制。1950年民主党的胜利是由于它在城市中获得了一个相当大的多数，而在农村又与共和人民党平分秋色。这次大选标志着农村选民在土耳其政治生活中开始扮演举足轻重的角色。在民主化过程中对占大多数的农村人口进行动员，对政治本身会产生很大的传统化或保守化影响。有了底层群众的支持，中右政党总是能在选举中战胜传统的世俗主义政党，世俗精英垄断权力的局面被打破。议员中农民、律师和商人的比例上升，地方主义色彩加强。全社会广泛的政治参与增强了共和国政权的合法性基础。但两党竞争导致新集团迅速进入政治的局面，造成政治体系内部严重分裂，引起了旨在限制参与和恢复团结的军事政变。

多党制将新兴社会势力纳入政治体系，避免它们走上反体系的道路。1960年政变打乱了既有的政党格局，土耳其迎来长达40余年的多党制时代。新的宪法和选举制度有助于各种社会力量进入政治体系，他们得以通过议会斗争实现自身利益诉求,从而降低了反体系政治运动发生的风险。但多党制使土耳其长期存在的社会分裂政治化,包括世俗与宗教、逊尼与阿列维、种族与公民民族主义、库尔德和土耳其民族主义。在威权统治时期,低度的政治参与冲淡了它们给社会统一所造成的问题。然而在多党制下,每种主要社会势力都拥有自己的政治工具,每个政党都去讨好某一特殊集团。各政党很难超越自己所代表的社会力量,众多的集团使得任何有效的政治号召成为不可能,社会因此出现动荡。

主导党制在提供有效竞争的同时带来了政治稳定,它的形成有赖于政党本身的成熟。2002年正发党执政后吸取先前伊斯兰政党的教训,将全球主义与保守主义相结合,注重发展经济,维护社会稳定,提倡民主,谨慎处理教俗问题,开启了库尔德问题协商解决的进程。正发党突破传统阶级束缚,更加重视解决社会关心的议题,成为以社会群体支持和问题支持相结合的全方位政党,赢得社会各阶层的青睐。凭借选举优势和议会多数,正发党有步骤地重塑了政军关系,形成稳定的主导党制。该制度有利于促成处于现代化进程中国家的长治久安。它既能提供有效的政党竞争,同时又比其他竞争性政党制度更能保证政治稳定。主要政党希望在竞争中尽量减少损失,小党虽不能赢得对政府的控制,却能有效牵制主要政党从而为特定集团表达不满情绪提供了渠道。

2. 民主巩固的制约因素

政军关系的根本转变标志着土耳其政治转型已经进入民主巩固阶段。胡安·林兹(Juan Linz)和艾弗德·史迪潘(Alfred Stepan)从精英行为、公众态度和宪政结构三个层面提出了判断民主巩固的标准。在精英行为层面,当不存在反民主的精英集团或这些集团不具备反民主的能力时;在公众态度层面,当多数人认为民主制度是管理社会生活最好的方式并实际主导着社会行为时;在宪政层面,当权威政治遗产不再对民主制度构成威胁时,民主制度才能说是巩固的。① 按照这一标准分析土耳其的民主状况:首先,无论是正发党代表的保守政治精英,还是军队、官僚与共和人民党代表的世俗精英,都认同民主的基本价值和制度,土耳其不存在反对现行体制的精英集团。其次,经过多年的民主化实践,过去"中心—边缘"的社会结构已被打破,大部分民众相信只有通过民主选举产生的政府才具有代表他们的统治合法性。第三,在近年来政军关系调整的背景下,作为威权政治遗产的军队发动政变的可能性已变得非常之小。军方也认识到他们的局限性,因而愿意同文官政府合作并接受其领导。照此看来,似乎民主在土耳其已经得到巩固。然而,评价民主巩固的标准是多样的,上述分析只能说明土耳其已经拥有了民主的一些基本要素,而要实现真正意义上的民主巩固还面临诸多挑战。就政党体制类型而言,主导党制基本符合了当前复杂政治社会条件下土耳其民主发展的需要。但就政党体制的制度化水平而言,民主巩固还面临着以下几方面障碍:

从政党自身看,当前土耳其的政党大都属于庇护主义政党或宗派型政党。虽然土耳其完成了一党制向多党制的转变,但政党内部的威权色彩并未褪去。大部分政党依循着自上而下的方式建立,存在着独裁领导,缺少党内民主。政党领袖缺乏制度化轮替,领导层长期没有变动,甚至不需要为选举失利负责。精英选拔和重大问题的决策权几乎集中于政党领袖手中。② 即使是发展较为成熟的正发党,其领导层从 2001 年

---

① See Juan J. Linz and Alfred Stepan, *Problems of Democratic Transition and Consolidation: Southern Europe, South America, and Post-communist Europe*, JHU Press, 1996, pp.5-65.

② Pelin Ayan Musil, *Authoritarian Party Structures and Democratic Political Setting in Turkey*, Palgrave Macmillan, 2011, pp.33-39.

组建起就没有过太大变化，埃尔多安在党内可谓一言九鼎，日益显示出独裁倾向。在选举活动中，领袖个人魅力往往比政党的政策主张更重要，一些政党沦为政治家个人获取权力的工具。土耳其政党这一特点制约了政党本身的发展，也影响政党体制制度化水平的提高。

从政党关系看，土耳其各政党间长期缺乏必要的妥协与合作。政党关系是社会关系的一面镜子。自共和国成立之时起，土耳其就一直被各种种族、教派、教俗问题所困扰，社会长期处于分裂状态。社会的深度分裂，专制主义的历史传统，加之尚武的民族性格，使土耳其缺乏成熟民主制度所要求的妥协与合作的政治文化。任何一派占多数，则永远是选举的赢家。本可通过协商与退让达成的政治议程，往往由于政党间不合作态度而搁置。这成为议会民主在土耳其历史上屡次陷入僵局，不得不由军队介入以恢复秩序的重要缘由。

从价值行为看，民主只是土耳其各政党谋求政治权力的工具，并没有内化为政党的价值追求。作为民主化的受惠者，正发党本身却不是自由民主的主张者。在他们看来，民主只是一系列代表机构，是赢得选举胜利，而不是多元主义、文明和忍耐。[①] 正发党通过选举霸权一次次获得执政地位，但它却将民主秩序置于自己的控制之下，多次利用议会多数通过在社会尚存争议的法案，并压制舆论的反对声浪。土耳其主要的反对党共和人民党，因其政策主张日益封闭僵化，对主导党的制衡作用下降。现今的共和人民党仍坚持传统的世俗主义观点，在加入欧盟、民主化改革、和平解决库尔德等议题上持怀疑态度，为了捍卫世俗主义和国家主权不惜牺牲民主。在他们看来，体制的稳定比赢得大选更重要。共和人民党基本丧失了胜选的能力，该党仅仅在西部沿海地区的少数省

---

① E. Fuat Keyman, "Modernization, Globalization and Democratization in Turkey: The AKP Experience and its Limits", *Constellations*, Vol.17, No.2, 2010, p.325.

份保持领先地位。①

从制度因素看，现行议会选举10%的全国门槛不利于议会的代表性。虽饱受质疑，但执政党处于自身利益考虑迟迟不愿修改。在1982年宪法基础上制定的土耳其现行政党法还规定，各政党的经费主要来源于国家拨款，这无疑使掌握着国家财政分配权的执政党具有更大优势。② 在正发党2015年11月议会选举胜利后，很可能会推动政府体制朝总统制转变。届时，执政的正发党将拥有更多不受约束的权利。虽然主导党制有利于政治稳定与政治秩序，但体系内部力量对比的失衡和体系本身的制度化缺失无疑将影响到民主巩固的前景。

本章小结

新制度主义认为，制度变迁产生于主体的利益预期。土耳其政党体制变迁的主体既包括政党、军队、精英集团、领袖等特定集体或个体，又包括既有制度和特殊文化背景下的社会观念。制度变迁的内涵既涉及政党体制类型的转变，又涉及政党体制制度化水平的提高。制度变迁的路径既包含自上而下的强制路径，例如军方介入直接导致两党制向多党制，温和多党制向极化多党制的转变；又包含自下而上的自发路径，例如正发党的自我革新而赢得选举导致主导党制的形成。制度变迁的特点既体现出西方模式引入的同构性，又体现出经验本土化适应的差异性。制度变迁的结果呈现出理想的制度安排与本土因素的相互妥协。在政治

---

① Ali Çarkoglu, "Turkey's 2011 General Elections: Towards a Dominant Party System?", *Insight Turkey*, Vol.13, No. 3, 2011, pp.53-55.

② Pelin Ayan, "Authoritarian Party Structures in Turkey: A Comparison of the Republican People's Party and the Justice and Development Party", *Turkish Studies*, Vol.11, No.2, 2010, p.200.

发展过程中，制度变迁是不可避免的。它是政治行为者为适应环境变化的压力而进行的改变制度的结果。制度环境和文化环境的差异直接影响制度变革的动机、路径、特点和结果。作为土耳其政治转型与民主巩固的重要一环，政党体制的变革反映出各种政治力量博弈的过程，该过程影响着转型的路径和结果，并在新的博弈基础上形成新的民主制度的平衡和巩固。对发展中国家而言，政党体制应当符合本国国情，在满足政治参与和提供政治稳定间达到动态的相对平衡，才能适应民主政治的发展。

第十章 政党体制制度化与民主发展：以印度尼西亚为例

　　政党体制与民主发展关系的研究经历了类型学到制度化的视角转移。对民主转型和巩固过程中的国家而言，政党体制的制度化程度至关重要。本章在既有研究的基础上，归纳出政党与国家关系、政党的社会基础、政党间竞争模式、政党的组织水平四项政党体制制度化的衡量标准。按照上述标准，当前印尼政党体制的制度化仍处于较低水平。低制度化的政党体制在合法性与有效性两个方面阻碍了印尼民主政治的持续发展。

作为东南亚地区面积最大、人口最多的国家和最主要经济体，印度尼西亚的政治发展长期以来备受关注。1997年亚洲金融危机引发执政32年之久的苏哈托（Suharto）政权倒台，印尼正式迈入民主化时代。目前印尼在选举民主与程序民主方面取得了长足进步，2014年平民出身的"60"后政治新星佐科威（Joko Widodo）当选总统更让外界对印尼民主的前景充满期待。然而，印尼政治的发展同样面临诸多体制与观念上的挑战。本章以政党体制制度化与民主发展的关系为理论基础，梳理了印尼政党体制变革的历史进程，分析了当前政党体制的制度化状况。在肯定印尼民主发展取得成果的同时，认为低制度化的政党体制是阻碍民主化继续推进的重要原因，进而证明政党体制的制度化对处在民主转型和巩固之中国家的重要意义。

一、政党体制制度化与民主发展

1. 政党体制与民主发展

作为西方民主政治发展的产物，政党被定位为国家与社会之间的纽带。国家借助政党对社会实施整合，社会则依靠政党向国家进行价值和利益输送。政党通过利益表达、利益综合、政治录用、政治社会化等基本功能的发挥，维系着民主政治的运转。政党究竟在多大程度上影响一国民主政治的发展，取决于该国具体的政党体制。①所谓政党体制，莫里斯·迪韦尔热（Maurice Duverger）将其定义为政党共处的形式和模式②，迈克尔·罗斯金（Michael Roskin）认为它是各政党之间以及政党与整个政治体系之间的相互影响③，王长江将之定义为政党为掌握政权而形成的各政党之间、政党与政权之间的关系网络或结构。④ 上述定义都不约而同把政党置于具体的环境中，考察它与政治社会各要素的互动情况。

---

① "政党体制"一词源自英文 Party System，国内学者也译作"政党制度"，两种译法在一般意义上使用时差别不大。本书对这一概念的理解侧重于随着政党的出现而逐渐发展起来的一种政治系统，使用"政党体制"与这种认识更加接近。

② Maurice Duverger, *Political Parties: Their Organization and Activity in the Modern State*, Methuen, 1959, p.203.

③ 〔美〕迈克尔·罗斯金等：《政治科学》，林震译，华夏出版社2000年版，第227页。

④ 王长江：《政党政治原理》，中共中央党校出版社2009年版，第163页。

有关政党体制对民主发展的影响,早期的研究集中于探讨不同类型的政党体制之于民主发展的优劣,对政党体制类型的划分以政党数量为主要标准。① 但此种分析路径面临经验支持上的困境。对西方发达国家而言,两党制与多党制都能契合其政治发展需要。反观广大二战后新独立国家,无论它们照搬西方国家何种政党体制,大都出现了政治失序与治理缺失。因此,学者们对这一问题的研究经历了类型学到制度化的视角转移。

制度化概念兴起于社会学领域,它体现的是从规则到行为等一系列社会中的范畴、现象实现规范化、常态化、通约化的过程。塞缪尔·亨廷顿较早将制度化概念运用于政治学。他从宏观的行为体系视角,将制度化定义为"组织和程序获取价值观和稳定性的一种进程"②,并以适应性、复杂性、自主性、内聚力四个方面作为衡量政党等政治组织制度化程度的标准。安德鲁·帕尼比昂科(Angelo Panebianco)在继承亨廷顿研究成果的基础上,构建出"对外自主性"和"对内系统性"两个维度的分析框架,区分政党组织制度化的不同指向。③ 史蒂芬·列维茨基(Steven Levitsky)从行为态度和组织结构角度出发,提出"价值注

---

① 如莫里斯·迪韦尔热认为,在议会制下,多党制导致异质性从而削弱政府,两党制由于建立在同质人的基础上,政府内阁趋于稳定。乔万尼·萨托利(Giovanni Sartori)认为,两党制与温和多党制引导政党进行向心竞争,极化多党制导致政党间的离心竞争,后者容易造成竞争性政党体制自身的瓦解。塞缪尔·亨廷顿(Samuel Huntington)认为,两党制和主导党制比一党制或多党制更能促成处于现代化进程中国家的长治久安。参见池步云:《土耳其政党体制变革与民主发展》,载《国际论坛》2016年第5期,第55—60页。

② 〔美〕塞缪尔·亨廷顿:《变化社会中的政治秩序》,王冠华等译,生活·读书·新知三联书店1996年版,第392页。

③ Angelo Panebianco, *Political Parties: Organization and Power*, Cambridge University Press, 1988, pp.49-53.

入"与"行为规范化"作为政党制度化的衡量标准。① 高奇琦从自主性、系统性、功能性三个方面概括了政党制度化的组成要素。② 需要指出的是,上述制度化研究针对的主要是作为个体的政党,不能很好反映不同政党间的互动,以及作为整体的政党所面临的外部环境。有鉴于此,把制度化研究拓展到政党体制层次,才能更好理解政党在民主运行中的实际作用。

2. 政党体制制度化的衡量标准

斯科特·梅因沃林(Scott Mainwaring)在考察第三波民主化浪潮中拉美国家政党政治的运行后,较为全面地界定和分析了政党体制的制度化。"一个制度化的政党体制就是行为者根据未来将出现的政党竞争的根本轮廓和行为的基本规则发展自己预期和行为的体制。在这样的体制下,谁是主要政党,以及它们如何行动是清晰明了的。"③ 制度化关乎政党体制的力量与适应性。梅因沃林提出了制度化的政党体制所具备的四项要件:政党竞争模式具有规律性,政党在社会中有深厚的基础,政治行为者赋予政党以合法性,政党组织发挥着作用。④ 他认为政党体制的制度化程度对民主尚未巩固国家的政治运转至关重要。虽然这种关系不是线性的,但制度化水平低的政党体制对民主发展无疑

---

① Steven Levitsky, "Institutionalization and Peronism the Concept, the Case and the Case for Unpacking the Concept", *Party Politics*, Vol.4, No.1, 1998, pp.77-82.

② 高奇琦、张佳威:《试论政党制度化与政治发展的关系:以泰国为例》,载《南洋问题研究》2015年第4期,第28—40页。

③ Scott Mainwaring, *Rethinking Party Systems in the Third Wave of Democratization: The Case of Brazil*, Stanford University Press, 1999, p.25.

④ Scott Mainwaring and Scully Timothy, *Building Democratic Institutions: Party Systems in Latin America*, Stanford University Press, 1995, pp.4-6.

具有负面影响。① 维基·兰德尔（Vicky Randall）和拉尔斯·斯瓦迪（Lars Svasand）从体制内外两个向度，结构、态度两个层次拓展了政党体制制度化的内涵。具体而言，体制内部的结构和态度因素分别指政党间竞争模式，以及政党间相互认同程度；体制外部的结构和态度因素分别指政党相对于国家机构的自主性，以及民众对政党的支持程度。②

综合以上学者的研究，本书在梅因沃林、兰德尔和斯瓦迪设定的标准基础上，归纳出政党与国家关系、政党的社会基础、政党间竞争模式、政党的组织水平四项衡量政党体制制度化的标准。前两项涉及政党面临的外部环境，后两项关注政党的互动与内部结构。这里所说的政党是指包含于特定政党体制内的主要政党，是一个整体性概念。第一，政党与国家关系取决于政党在宪政体制中的地位，同时还与政党同军队、官僚等其他国家机构的关系密不可分。前者决定政党的功能与合法性，后者影响政党具体的行为模式。政党体制的制度化，有赖于国家法律明确政党在政治体制中的地位与作用，同时离不开其他国家机构对政党地位与作用的认同。第二，政党植根于社会，其社会基础包含政党与选民的联系程度以及公众对政党的态度，涉及行为与心理两个层面。在制度化水平较高的政党体制中，大部分选民能感受到与特定政党的联系，政党能获得大部分公众的认同。第三，竞选是民主政治条件下政府对公众负责的保障，竞选需要通过政党竞争来实现。政党间竞争模式由政党竞争的性质与政党对竞争规则的遵守两方面构成。政党竞争的性质反映了政党对彼此的态度，有学者将政党竞争划分为温和型竞争、敌对型竞

---

① 梅因沃林有关政党体制制度化与民主关系的论述，是基于民主化已经开始这样一个前提。他认为在非民主条件下，制度化的政党体制反而推迟了民主转型的到来。

② Vicky Randall and Lars Svasand, "Party Institutionalization in New Democracies", *Party Politics*, Vol.8, No.1, 2002, pp.7-8.

争、合谋型竞争三种类型。① 政党对竞争规则的遵守反映了政党对民主制度的认同程度。在制度化的政党体制中，政党间竞争通常比较温和，且违反竞选规则的行为较少发生。第四，政党的组织水平体现为对内系统性与对外自主性两方面。在制度化的政党体制中，政党内部机构设置健全，分工合理，组织较为团结，不会过度依赖某个领袖或派系。政党组织相对于外部支持性团体比较独立，且有稳定合法的财政来源。上述四项标准是衡量政党体制制度化的必要条件，不存在孰轻孰重的问题，它们相互联系，共同塑造着政党体制。其中任何一个方面存在严重缺陷，都会影响政党体制的制度化水平。

表 10.1 政党体制制度化的衡量标准

政党与国家关系	政党在宪政体制中的地位
	政党与其他国家机构的关系
政党的社会基础	政党与选民的联系程度
	公众对政党的态度
政党间竞争模式	政党竞争的性质
	政党对竞争规则的遵守
政党的组织水平	对内系统性
	对外自主性

---

① 温和型竞争是指有着不同价值理念，但彼此视对方为政治体系中合法一员的政党间的竞争；敌对型竞争通常发生在意识形态差距极大的政党之间，或存在反体系政党的情况下；合谋型竞争是指政党为获得选举利益而频繁进行分化组合，或组成较稳定的政党卡特尔联盟，以垄断政治资源的竞争模式。参见 Deborah Norden, "Party Relations and Democracy in Latin America", *Party Politics*, Vol.4, No.4, 1998, pp.440-441.

二、印尼政党体制变革的历史进程

20世纪初印尼出现民族觉醒运动,一大批政治组织相继建立。1908年印尼出现第一个现代意义上的政治组织"至善社",1912年穆斯林组织穆罕默迪亚(Muhammadiyah)成立,1920年印尼共产党(PKI)建立,1927年苏加诺(Sukarno)等组建印尼民族党(PNI)。上述政治组织促进了为建立印度尼西亚新独立国家而广泛开展的民族主义运动,但它们在具体的奋斗目标以及社会基础方面存在重大差异。① 在荷兰殖民者与日本侵略者统治下并不具备政党体制的生存条件。自1945年苏加诺宣布独立以来,印尼政党体制几经变迁。本部分将简要回顾印尼政党体制的演进历程,从宏观层面观察其制度化发展状况。

第一阶段:1945—1957年,快速发展期,该时期政党的发展奠定了日后政党体制的基本格局。二战后,印尼各派政治力量纷纷着手恢复或建立自己的政党。1950年印尼共和国成立后实行议会民主政体,1955年9月的首次国会选举确立了政党体制的法律地位。国会中的主要政党有世俗民族主义的印尼民族党,伊斯兰主义的马斯友美党(Masyumi)和伊斯兰教士联合会(NU),以及马克思主义的印尼共产党。相互排斥的意识形态使这些政党有着不同的民意基础,政党间激烈竞争导致内阁频繁更替,严重影响政府履行职能。② 议会民主无力解决印尼当时所面临复杂的民族、阶级和社会矛盾,迅速吞噬着政党体制的合法性。

---

① 〔美〕史蒂文·德拉克雷:《印度尼西亚史》,郭子林译,商务印书馆2009年版,第56—62页。

② Goh Cheng Teik, "Why Indonesia's Attempt at Democracy in the Mid-1950s Failed", *Modern Asian Studies*, Vol.6, No.2, 1972, pp.243-244.

第二阶段：1957—1965 年，曲折发展期，这一时期政党体制的发展受到限制。苏加诺1957年4月宣布实施紧急状态，并推动实施"有领导的民主"（Guided Democracy）改革方案以取代议会民主。其核心是在他本人领导下，民族主义、伊斯兰教和共产主义三大势力通过协商共掌国家政权。为此，总统权力得到加强，政党数量在1960年减少到10个。由政党参与的选举被取消，国会以任命方式重新组建，政党只占一半左右的国会议席，其他席位被职业团体占据。① 苏加诺的这条中间路线一定程度上稳定了政局，但并未削弱左右两翼的势力和缓解它们之间的矛盾。"有领导的民主"最终在1965年9月军队与共产党不可调和的矛盾爆发中归于失败。②

第三阶段：1965—1998 年，发展低潮期，此阶段政党体制被边缘化。1966年苏哈托上台开启了威权统治的"新秩序"（New Order）时期。政府一方面宣布共产党为非法，将当时的9个政党合并为2个——代表伊斯兰教的建设团结党（PPP）和代表民族主义与基督教的印尼民主党（PDI）；另一方面大力扶植执政的专业集团（Golkar），使之成为军队、官僚和苏哈托本人控制社会的工具。③ 在1971年至1997年的历届议会选举中，专业集团均获得压倒性胜利，建设团结党和印尼民族党沦为选举竞争的一种摆设。这一阶段政党体制对政局的影响力有限，但除印尼共产党之外，代表民族主义和宗教力量的政党组织及其社会影响得以延续，为日后的民主转型作了准备。

---

① 〔印尼〕H.柯蒂阿德、淑兰：《印度尼西亚政党的发展情况》，载《南洋资料译丛》1976年第4期，第15—22页。

② 1965年9月30日，时任印尼总统苏加诺被陆军战略后备部队司令苏哈托少将推翻，印尼随后在全国开展"清共运动"，这次军事政变史称"九三〇"事件。

③ 张锡镇：《当代东南亚政治》，广西人民出版社1994年版，第199—200页。

第四阶段：1998—2014年，黄金发展期。1997年亚洲金融危机爆发后，国内反对苏哈托独裁的压力终于迫使其于1998年5月21日宣布辞职，印尼由此迎来民主化时代。此后印尼经历了一系列政治改革，从1999年开始每五年举行国会直选①，并从2004年开始于国会选举当年举行总统直选，地方议会和政府官员的直选也相继开放。过去专业集团一党独大制被多党民主制取代，政党重回政治舞台的中心。民主化时代的主要政党既有威权时期延续下来或与之密切联系的专业集团、民主斗争党（PDI-P），也有新兴政党如民主党（PD）、繁荣公正党（PKS）和大印尼运动党（Gerindra）。② 不断修改与完善的政党法与选举制度使政党间竞争趋于规范，形成了较稳定的温和多党制。

印尼政党体制70余年的发展体现出如下特征。第一，政党处于政治体制主导地位的时间很短，长期的威权政治削弱了政党体制的合法性，抑制了政党体制的制度化。第二，21世纪初的民主化使政党体制的外部环境有了显著改善，这一转变是印尼国内政治力量消长、经济社会发展与国际因素共同作用的结果。第三，20世纪50年代失败的民主经历让各政治势力认识到，印尼社会包含的族群、宗教、发展不平衡等冲突极具威胁性，只有弥合这些冲突，才能维持政治体制和国家的稳定。因此，现有政党大都主张超越固有族群与地域界限寻求多元化支持，宗教政党体现出温和、包容色彩，极端政党基本没有生存空间，政党关系呈现竞争而非敌对的特点。

----

① 印尼国会即人民代表会议（DPR），由政党代表组成，其职责为提出法令草案和制定法令。人民代表会议和以个人身份产生、每省4席组成的地方代表理事会（DPD）共同组成印尼最高的权力机构人民协商会议（MPR），"人协"的职能为修改和决定基本宪法，并可审议国会提出的罢免总统的要求。

② 目前印尼政坛上的主要政党还有：国民使命党（PAN）、民族觉醒党（PKB）、建设团结党（PPP）、人民良知党（Hanura）、国民民主党（Nasdem）。

三、印尼政党体制制度化水平评估

上一部分着重从历史宏观层面对印尼政党体制发展进行描述，本部分则关注政党体制在当前的具体表现，并用前文总结的评估标准对其制度化水平进行评价。

1. 政党与国家关系

伴随民主化进程的宪政改革使政党重回印尼政治舞台的中心。1999年至2003年，印尼人民协商会议先后4次对1945年宪法进行修改，确立了三权分立的政治架构，保障了公民权利。与此同时，政党法和选举制度也作出相应调整。新的政党法自1999年开始起草，后几经修改，对政党意识形态、地位、宗旨、作用、权利义务及党章内容等做出原则性规定。印尼还在实践中摸索出一套符合本国国情、操作性强、比较完善的选举制度，内容涵盖选举组织、选举方式、选举资格及门槛、对竞选活动的管制等方面。[1]

军队改革同样有利于政党合法性的提高。军队曾是印尼政坛的主导力量。苏哈托下台后，历届政府都致力于军队的非政治化改革，内容包括取消军方代表在国会中的席位，取消军队的社会政治职能，实行军警

---

[1] 印尼选举制度的主要内容有：由独立的大选委员会组织选举，根据印尼人口分布情况确定和分配国会及地方议会议席数，国会选举方式逐渐由封闭名单比例代表制过渡到开放名单比例代表制，制定了总统、国会、地方议会、地方代表理事会的选举资格及门槛，颁布了一系列有关竞选活动的限制性规定等。参见杨晓强：《后苏哈托时期的印尼民主化改革研究》，厦门大学出版社2015年版，第90—94页。

分离，由文官出任国防部长等。① 军方势力逐渐由直接干预政府事务转变为通过参与政党竞争实现自身利益诉求。专业集团的领导人多是军人出身，大印尼行动党、人民良知党都由退役将领建立，他们通过成为政党候选人谋求总统和政府职位。目前有着军方背景的政党影响力呈现扩大趋势。

2. 政党的社会基础

印尼政党的社会基础在民主化以来呈现总体弱化趋势。它首先体现为政党纷纷超越以往特定的族群与地域界限转而谋求全社会的支持，选民的选票投向变得难以预测。1999年国会选举时，各政党的社会基础差异明显。民主斗争党和专业集团代表世俗民族主义者，前者得到社会中下层支持，后者与前政权官僚、军队及地方精英联系密切。民族觉醒党代表传统穆斯林，国民使命党和建设团结党受到现代穆斯林的青睐。民主斗争党和民族觉醒党的支持者主要来自爪哇岛和巴厘岛，专业集团的支持者更多来自爪哇之外的其他岛屿，国民使命党在其创党者阿敏·莱斯（AmienRais）的家乡日惹和苏门答腊岛有广泛的群众基础。② 伴随各政党的政策日益趋同并向中间靠拢，以及新政党的崛起，上述政党支持的族群和地域特征已明显减弱。一个重要标志是2009年国会选举，异军突起的民主党不仅得票率远超民主斗争党和专业集团，而且赢得了爪哇岛六个省中五个省的胜利，并在外岛挑战着专业集团的优势地位。③

---

① 杜继锋：《后苏哈托时期印尼军队的职业化改革》，载《当代亚太》2006年第11期，第41—46页。

② Allen Hicken and Erik Martinez Kuhonta, *Party System Institutionalization in Asia: Democracies, Autocracies, and the Shadows of the Past*, Cambridge University Press, 2014, pp.246-247.

③ Mietzner Marcus, "Indonesia's 2009 Elections: Populism, Dynasties and the Consolidation of the Party System", *Lowy Institute for International Policy*, 2009, pp.3-6.

选民对政党态度的转变是影响政党社会基础的另一因素。随着经济社会进步、教育普及和传媒发展，印尼人对政党认同的内涵正在发生改变。由国际共和研究所（IRI）和印尼调查机构（LSI）2013年开展的调查发现，20%的印尼人将政党是否为他的生活带来改变作为选择政党的首要原因，将政党在议会中的表现、候选人素质、政党的改革形象等作为选择标准的分别占17%、11%和9%，而以种族、宗教、家族关系、意识形态等传统因素作为选择标准的总共只占19%。① 更加注重政党的实际作为导致选民对特定政党的忠诚度降低，近几年的调查数据显示，印尼的中间选民在两至三成间徘徊。

印尼社会一直存在反政党情绪，它是历史记忆与现实因素共同作用的结果。但当前人们对政党的不满并非是质疑民主制度本身，而主要集中于政党自身存在的缺陷。根据印尼调查机构公布的资料，印尼人对政党的满意度位列所有政治机构中倒数第一。腐败被认为是印尼政治发展面临的首要问题，多达74%和72%的印尼人认为议会和政党的腐败问题最为严重。② 多数印尼人对政党的印象是自私自利，热衷于争夺权位，没有真正为人民利益发声。超过51%的印尼人认为梅加瓦蒂（Megawati Sukarnoputri）不应再连任民主斗争党主席，41%和38%的人认为巴克利（专业集团）（Aburizal Bakrie）和苏西诺（民主党）（Susilo Bambang Yudhoyono）也不应继续担任各自的党内职务。③

---

① International Republican Institute, *IRI Indonesia Poll Shows Concern over the Economy and Corruption*, http://www.iri.org/resource/iri-indonesia-poll-shows-concern-over-economy-and-corruption, 2016-09-19.

② International Republican Institute, *IRI Indonesia Poll Shows Concern over the Economy and Corruption*, http://www.iri.org/resource/iri-indonesia-poll-shows-concern-over-economy-and-corruption, 2016-09-19.

③ Lembaga Survei Indonesia, *Partai Politik di Mata Publik*, http://www.lsi.or.id/riset/436/Rilis-LSI-Partai-Politik-diMata-Publik, 2016-09-19.

3. 政党间竞争模式

在政党关系方面，目前印尼政党不存在明显的意识形态对立，政党体制制度化的主要障碍是不同政党为选举利益频繁进行的分化组合，以及选举中的违规行为。左翼力量于20世纪60年代中期被完全摧毁后，印尼已不存在明显的左右之争。1999年国会选举时，舆论将政党分为改革与维持现状两派，但这一区别很快变得模糊。世俗政党与伊斯兰政党同样呈现相互渗透趋向，世俗政党努力争取穆斯林选民，伊斯兰政党也显示出较高层次的包容性。[①] 参与2009年总统竞选的5组候选人都是世俗主义者和伊斯兰主义者的结合就是最好证明。

谋求议会席位和政府职位是印尼政党的主要目标。由于没有政党能够成为国会多数，政党结盟成为总统竞选中的常态。通常几个政党共同推出一组候选人，后者一旦当选，则让支持他的政党领袖进入内阁担任部长作为回报。缺乏意识形态竞争，与理念无关的结盟逐渐让代议政治成了政党间赤裸裸的权力分配和利益交换。[②] 以合法的民主手段谋求政治私利的事例更不在少数。政党还通过制定选举法禁止独立参选人竞选总统以维护自身地位。

印尼民主化以来的历次选举都不乏违反选举规则的行为。1999年各政党的支持者在国会选举期间爆发了大规模暴力冲突。2005年地方领导人直选实施后，各地有关选举欺诈甚至绑架选举委员会官员的状况

---

① Marcus Mietzner, "Comparing Indonesia's Party Systems of the 1950s and the Post-Suharto Era: From Centrifugal to Centripetal Inter-party Competition", *Journal of Southeast Asian Studies*, Vol.39, No.3, 2008, pp.447-451.

② Paige Johnson Tan, "Indonesia Seven Years after Soeharto: Party System Institutionalization in a New Democracy", *Contemporary Southeast Asia: A Journal of International and Strategic Affairs*, Vol.28, No.1, 2006, pp.98-99.

层出不穷。2009年国会选举共发生3912起行政违法案件和591起刑事起诉。① 2009年选举结束后,梅加瓦蒂及其竞选搭档就涉嫌违规筹集竞选资金一事接受了质询。2014年总统大选后,普拉博沃(Prabowo Subianto)虽不服选举结果提起上诉,但最终接受了宪法法院有关他败选的裁决,这些都说明选举正朝着更加规范的方向前进。据国际选举制度基金会2014年总统大选后的调查,26%的受访者认为选举存在舞弊行为,但超过八成的印尼人对此次选举的组织和结果感到满意。②

4. 政党的组织水平

从对内系统性角度看,印尼政党大多依赖魅力型领袖,其组织系统性和专业化发展受到限制。目前国会10个政党中,民主斗争党、民主党、大印尼行动党、人民良知党、国民民主党都严重依赖政党领袖,民族觉醒党和国民使命党存在一定程度的领袖依赖,专业集团、繁荣公正党、建设团结党的最高领导人相对弱势。民主斗争党成立至今,梅加瓦蒂一直担任该党主席,民主党更是依靠苏西诺个人声望建立起来。由于责任机制和党内沟通协调机制的缺位,寡头政治现象在印尼政党中比较普遍。③ 印尼政党还饱受内部权力斗争困扰,党内凝聚力较低,近十年来主要政党都经历了一次或数次分裂。此外,大部分政党的基层组织工作低效、人才缺乏。除专业集团和繁荣公正党外,各政党的地方组织在

---

① Carter Center, *Carter Center Offers Steps for Indonesia to Strengthen its Electoral Dispute Mechanisms*, http://www.cartercenter.org/news/pr/indonesia_052209.html, 2016-09-19.

② The International Foundation for Electoral Systems, *Indonesia Post-Election National Survey* 2014, http://www.ifes.org/surveys/indonesia-post-election-national-survey-2014, 2016-09-16.

③ Paige Johnson Tan, "Reining in the Reign of the Parties: Political Parties in Contemporary Indonesia", *Asian Journal of Political Science*, Vol.20, No.2, 2012, p.174.

选举之外几乎处于休眠状态。

从对外自主性角度看，印尼各政党在组织上的独立性较强，基本不受与其密切联系的社会组织的左右，但财政上的困难影响其决策自主性与合理化。与选举开支逐年增长形成鲜明对比的是印尼政府自2005年起对政党补贴的急剧减少。以民主斗争党为例，该党获得的政府资金由2004年的357亿印尼盾骤降至2006年的23亿印尼盾。① 据非政府组织选举与民主联盟（Association for Elections and Democracy）的研究，印尼政党的合法收入仅够支付其不到15%的运营支出。② 政党的财政困难一方面刺激了非法融资现象的激增，迫使政党高层通过操纵国会预算委员会及政府机构的预算获得资金，下级党组织则公开出售地方议会候选人资格。另一方面为企业家进入政党高层提供了契机，如卡拉（Jusuf Kalla）和巴克利、苏特利斯诺（Soetrisno Bachir）等富商甚至成为政党的最高领导人。

通过以上分析不难看出，印尼政党体制的制度化尚处较低水平。虽然民主化以来的宪政改革，特别是新的政党法和选举制度确立了政党在民主政体中的核心地位，并以法律形式规范了其权力与行为；军队非政治化进程避免了军方与政党的对立，有助于政党体制的巩固；主要政党普遍认同民主制度，意识形态由对立走向共生。但政党的支持基础，社会对政党的态度等还处于较激烈的变动时期。各党派多以赢得选举为目标，在追求政治理念，代表公众利益，遵守民主规则方面存在缺失。政党在人员、组织、资金和决策机制等层面亦存在短板，特别是对魅力型领袖的依赖使政党的前景变数增加。

----

① Marcus Mietzner, "Party Financing in Post-Soeharto Indonesia: Between State Subsidies and Political Corruption", *Contemporary Southeast Asia: A Journal of International and Strategic Affairs*, Vol. 29, No.2, 2007, pp.241-244.

② 《民主有价，印尼选举腐败盛行》，纽约时报中文网，http://cn.nytimes.com/world/20130603/c03indonesia/（访问时间：2016年9月19日）。

四、政党体制的低制度化及其对民主发展的影响

造成印尼政党体制低制度化的原因主要有三个方面：一是传统政治力量的干扰。印尼的民主化是在新旧势力相互妥协下展开的，"新秩序"时期遗留下来的既得利益集团仍拥有重要的影响力。他们虽然接受了竞选的游戏规则，却千方百计利用庇护网络与金钱政治使政党私人化，以此作为政治交易和重获权力的筹码。二是既有社会观念的影响。爪哇文化中蕴含的尊卑有序、唯上是从、等级秩序的传统[①]，使一些印尼人怀念威权时代，渴望回归强人统治；另一些民主素养较低、经济水平不高的民众则乐于接受政党贿赂。三是一些弱化政党组织、政党与社会联系的后现代性因素的挑战。如随着经济社会发展，传统的社会分野界限淡化。大众媒体的兴起使政党领袖能够向广大选民直接发出呼吁，而不必依靠政党组织，选民也开始像消费者而非积极参政者那样采取行动。

上述因素共同导致了印尼政党与社会的疏离，公众对政党缺乏认同，政党竞争的不稳定以及政党组织发展的滞后。在这其中，政治精英对政党的主导作用成为印尼政党体制低制度化的首要特征。与西欧国家中社会力量自下而上塑造着政党体制不同[②]，印尼的政治家在与选民的

---

① 朱刚琴：《印尼式民主政治的文化解读》，载《东南亚研究》2011年第3期，第15—19页。

② 如西蒙·马丁·李普塞特（Lipset Seymour Martin）和斯坦·罗坎（Stein Rokkan）认为，西欧政党体制的主要差别反映了社会分化的不同结构。安东尼·唐斯（Anthony Downs）提出的空间模型主张政党体制是按照选民的偏好分配形成的。参见 Seymour Martin Lipset and Stein Rokkan, *Party Systems and Voter Alignments: Cross-national Perspectives*, Vol.7, Free Press, 1967, p.50；〔美〕安东尼·唐斯：《民主的经济理论》，姚洋等译，上海世纪出版集团2005年版，第128—130页。

关系上具有高度自主性。他们能够利用这种自主性轻易改变党的性质，进行党的合并，导致党的分裂，他们的行为很少受到下层约束。精英主导下的政党体制在民主化之初曾发挥过一定的积极作用，它客观上限制了政治参与的程度和范围，利于各政治势力间达成妥协与共识，减少了社会冲突与政治动荡的风险。但从长远看，它阻碍了政党体制朝着与民主化相适应的方向发展。政党体制的低制度化成为印尼民主发展的一大隐忧。

从民主政治的合法性角度看，低制度化的政党体制阻碍了政府对公众负责机制的建立。在制度化的政党体制中，政党通常有明确的政治理念，形成了较完善的精英甄补机制，公众能够清晰了解各政党的立场与政策。选民通过投票选出代表自身利益的政党，政党通过执政和立法兑现选举承诺，政府对公众的负责机制得以建立，民主政体因此获得合法性。当前印尼政党过分依赖领袖的状况助长了民粹主义[①]，个人化的政党往往缺乏系统可信的纲领和有效的内部约束机制。为博得支持，它们倾向追求满足眼前利益的政策；为赢得选举，它们随意结合，忽聚忽散。一旦领袖名望下跌或退出政坛，政党很难持续发展。选民难以形成对政党行为的稳定预期，构建起对特定政党的认同。政党与选民的关系由良性互动变成恶性循环，民主的负责机制无法建立。选举中的贿赂与舞弊等违规行为，使很多旧势力重新把控地方权力，这些都使民主的价值大打折扣。

从民主政治的有效性角度看，低制度化的政党体制制约了国家机构治理功能的发挥。在制度化的政党体制中，政党间关系比较稳定，政党与政府和议会间也建立起稳定联系。执政一方的政党对政府施政提供稳

---

① Aspinall Edward and Marcus Mietzner, *Problems of Democratisation in Indonesia: Elections, Institutions and Society*, Institute of Southeast Asian Studies, 2010, pp.149-151.

定支持，在野一方的政党则依法对政府实施监督。政党体制通过将社会中综合起来的利益诉求转换为政府的决策和国家法律，以实现对社会的治理。目前印尼的政党体制在聚合社会利益，弥合社会分歧方面存在障碍。政党、政府和议会间的关系出现失衡。政党在总统竞选中采取联盟策略的一个结果是，选后的新政府成为获胜一方政党利益分配的产物。由不同政党领袖担任内阁职务，不仅影响政府的效能与专业化，还容易产生令出多门、无法协调的局面。① 政党间的联盟很容易因分赃不均或其他矛盾而瓦解，政府难以获得政党长期稳定的支持。政党关系的多变也不利于议会立法功能的发挥，影响政党对政府实施理性和负责任的监督。此外，政党资源的匮乏不仅导致腐败问题加剧，也使政党的政策有可能受制于个人或商业利益。

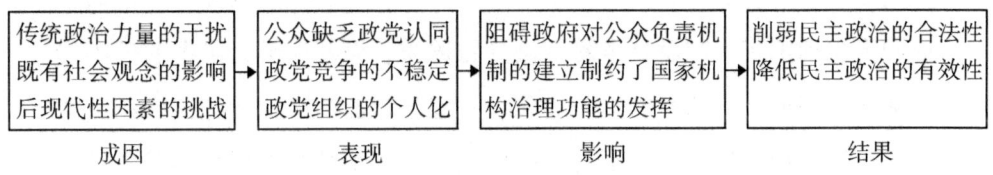

图 10.1　印尼政党体制的低制度化对民主发展影响流程图

尽管在政党体制制度化水平低的情况下民主政治可以生存下去。但政党关系不稳定，民粹主义抬头，负责机制弱，治理效率低下，腐败丛生，这样的政党体制促进了精英阶层的利益，却牺牲了普通公众的利益，印尼民主实践的前景无疑将面临考验。

---

① Sandra Hamid, "Indonesian Politics in 2012: Coalitions, Accountability and the Future of Democracy", *Bulletin of Indonesian Economic Studies*, Vol.48, No.3, 2012, pp. 342–343.

本章小结

经过近 20 年的民主化实践,印尼民主制度的框架性建设已初步完成。根据胡安·林兹（Juan Linz）和阿尔弗莱德·斯泰潘（Alfred Stepan）对民主转型的界定,以及亨廷顿提出的"两轮选举测试"标准①,部分学者认为,印尼在 2004 年选举后已完成民主转型,进入民主巩固阶段。然而,印尼的民主远未成熟,特别是社会的价值和行为与民主政治要求的现代性还有不小差距。现代社会的政治价值,如权利与义务、自由与民主等还没有为政治精英和大众完全接受;传统社会的政治价值,如庇护主义与血缘关系等还有很大存留和影响。民主化使印尼政党体制迎来黄金发展期,并已积累起一些积极因素,然而政党体制也面临低制度化的困扰。制度化本身不会导致民主,但却能够为民主的巩固提供支撑。印尼政党体制的当务之急是,通过社会的广泛参与,以民主的方式尽快实现政党的代际更替,产生更具改革精神的年轻领导层。唯有此,才能凝聚政党力量,满足社会期待,推动国家经济社会发展,完善各项民主保障的法律制度,引领民主价值观深入人心。

---

① 胡安·林兹和阿尔弗莱德·斯泰潘认为民主转型完成的标志是：通过选举产生政府成为广泛共识,政府权力直接来源于自由普遍的选举,且政府有权制定政策,行政、立法、司法权来源于新的民主程序,不必与其他法律主体分享权力。亨廷顿则将政府权力通过选举实现两次交替视为民主转型的完成。参见〔美〕胡安·林兹、〔美〕阿尔弗莱德·斯泰潘：《民主转型与巩固的问题：南欧、南美和后共产主义欧洲》,孙龙等译,浙江人民出版社 2008 年版,第 3 页；〔美〕塞缪尔·亨廷顿：《第三波：20 世纪后期民主化浪潮》,刘军宁译,上海三联书店 1998 年版,第 321—322 页。

参考文献

一、经典著作

1. 《马克思恩格斯选集》（第1卷），人民出版社2012年版。
2. 《马克思恩格斯选集》（第2卷），人民出版社2012年版。
3. 《马克思恩格斯选集》（第3卷），人民出版社2012年版。
4. 《马克思恩格斯选集》（第4卷），人民出版社2012年版。
5. 《马克思恩格斯书信选集》，人民出版社1983年版。
6. 《列宁选集》（第1卷），人民出版社2012年版。
7. 《列宁选集》（第2卷），人民出版社2012年版。
8. 《列宁选集》（第3卷），人民出版社2012年版。
9. 《列宁选集》（第4卷），人民出版社2012年版。
10. 《毛泽东选集》（第1卷），人民出版社1991年版。
11. 《毛泽东选集》（第2卷），人民出版社1991年版。
12. 《毛泽东选集》（第3卷），人民出版社1991年版。
13. 《毛泽东选集》（第4卷），人民出版社1991年版。
14. 《毛泽东文集》（第6卷），人民出版社1999年版。

15.《毛泽东文集》(第7卷),人民出版社1999年版。
16.《毛泽东文集》(第8卷),人民出版社1999年版。
17.《周恩来选集》(上卷),人民出版社1980年版。
18.《周恩来选集》(下卷),人民出版社1984年版。
19.《周恩来统一战线文选》,人民出版社1984年版。
20.《邓小平文选》(第1卷),人民出版社1994年版。
21.《邓小平文选》(第2卷),人民出版社1994年版。
22.《邓小平文选》(第3卷),人民出版社1993年版。
23.《习近平谈治国理政》(第1卷),外文出版社2018年版。
24.《习近平谈治国理政》(第2卷),外文出版社2017年版。
25.《习近平谈治国理政》(第3卷),外文出版社2020年版。

二、中央文献、资料汇编

1.《十八大以来重要文献选编》(上卷),中央文献出版社2014年版。

2.《十八大以来重要文献选编》(中卷),中央文献出版社2016年版。

3.《十八大以来重要文献选编》(下卷),中央文献出版社2018年版。

4.《中国共产党第十九次全国代表大会文件汇编》,人民出版社2017年版。

5.《中国共产党第十九届四中全会文件汇编》,人民出版社2019年版。

6.《十九大以来重要文献选编》(上卷),中央文献出版社2019年版。

7.《习近平新时代中国特色社会主义思想基本问题》,人民出版社、中共中央党校出版社 2020 年版。

8.《习近平总书记系列重要讲话读本》,学习出版社、人民出版社 2014 年版。

9.《习近平关于全面依法治国论述摘编》,中央文献出版社 2015 年版。

10.《习近平关于协调推进"四个全面"战略布局论述摘编》,中央文献出版社 2015 年版。

11.《习近平关于社会主义政治建设论述摘编》,中央文献出版社 2017 年版。

12.《习近平关于社会主义文化建设论述摘编》,中央文献出版社 2017 年版。

13.《习近平关于总体国家安全观论述摘编》,中央文献出版社 2018 年版。

14.《习近平关于"不忘初心,牢记使命"论述摘编》,中央文献出版社 2019 年版。

15. 习近平:《在全国组织工作会议上的讲话》,人民出版社 2018 年版。

16. 习近平:《在纪念马克思诞辰 200 周年大会上的讲话》,人民出版社 2018 年版。

17. 习近平:《加快建设社会主义法治国家》,载《求是》2015 年第 1 期。

18. 习近平:《在全国党校工作会议上的讲话》,载《求是》2016 年第 9 期。

19. 习近平:《学习马克思主义基本理论是共产党人的必修课》,载《求是》2019 年第 22 期。

20. 习近平：《坚定不移走中国特色社会主义法治道路，为全面建设社会主义现代化国家提供有力法治保障》，载《求是》2021年第5期。

21. 习近平：《在党史学习教育动员大会上的讲话》，载《求是》2021年第7期。

22. 习近平：《把握新发展阶段，贯彻新发展理念，构建新发展格局》，载《求是》2021年第9期。

23. 习近平：《总结党的历史经验，加强党的政治建设》，载《求是》2021年第16期。

24. 习近平：《在第十八届中央纪律检查委员会第六次全体会议上的讲话》，载《人民日报》，2016年5月3日。

25. 习近平：《在纪念中国人民抗日战争暨世界反法西斯战争胜利75周年座谈会上的讲话》，载《人民日报》，2020年9月3日。

26. 习近平：《在全国抗击新冠肺炎疫情表彰大会上的讲话》，载《人民日报》，2020年9月8日。

27. 习近平：《在全国脱贫攻坚总结表彰大会上的讲话》，载《人民日报》，2021年2月26日。

28. 习近平：《在庆祝中国共产党成立100周年大会上的讲话》，载《人民日报》，2021年7月2日。

29.《中国人民政协全书》（上卷），中国文史出版社1999年版。

30.《中国人民政协全书》（下卷），中国文史出版社1999年版。

31.《人民政协重要文献选编》（上），中央文献出版社、中国文史出版社2009年版。

32.《人民政协重要文献选编》（中），中央文献出版社、中国文史出版社2009年版。

33.《人民政协重要文献选编》（下），中央文献出版社、中国文史出版社 2009 年版。

34.《中国人民政治协商会议第十三届全国委员会第一次会议文件》，人民出版社 2018 年版。

35.《中国人民政治协商会议全国委员会大事记》，中国文史出版社 1988 年版。

36.《西柏坡——新中国从这里走来》，人民出版社 2005 年版。

37.《五星红旗从这里升起——中国人民政治协商会议成立记事暨资料选编》，文史资料出版社 1984 年版。

38. 石光树：《迎来曙光的盛会——新政治协商会议亲历记》，中国文史出版社 1987 年版。

39.《老一代革命家论人民政协》，中央文献出版社 1997 年版。

三、学术专著

1. 高奇琦：《国外政党与公民社会的关系——以欧美和东亚为例》，中央编译出版社 2011 年版。

2. 高奇琦：《比较政治》，高等教育出版社 2016 年版。

3. 哈全安、周术情：《土耳其共和国的政治民主化进程研究》，上海三联书店 2010 年版。

4. 湖北省中共党史人物研究会编：《中国人民政协史》，武汉出版社 1989 年版。

5. 胡筱秀：《人民政协制度功能变迁研究》，上海人民出版社 2010 年版。

6. 彭蕾、唐华：《科学思维方法概论》，陕西人民教育出版社 2013 年版。

7. 彭友今主编：《当代中国的人民政协》，当代中国出版社 1993

年版。

8. 梁琴、钟德涛：《中外政党制度比较研究》，商务印书馆 2000 年版。

9. 林尚立：《新中国政党制度研究》，上海人民出版社 2015 年版。

10. 刘先江、韩景云：《马克思的政党观》，解放军出版社 2014 年版。

11. 李维：《习近平重要论述学习笔记》，人民出版社 2014 年版。

12. 王长江：《政党政治原理》，中共中央党校出版社 2009 年版。

13. 王沪宁：《政治的逻辑：马克思主义政治学原理》，上海人民出版社 1994 年版。

14. 王修智：《马克思恩格斯列宁领导理论研究》，人民出版社 2008 年版。

15. 吴辉等：《西方政党学说史》，时事出版社 2015 年版。

16. 吴美华：《当代中国的多党合作制度》，中共党史出版社 2005 年版。

17. 杨晓强：《后苏哈托时期的印尼民主化改革研究》，厦门大学出版社 2015 年版。

18. 张荣臣：《马克思恩格斯政党理论研究》，中央编译出版社 2001 年版。

19. 张锡镇：《当代东南亚政治》，广西人民出版社 1994 年版。

20. 赵云献：《马克思主义党学》，广西人民出版社 1987 年版。

21. 中共中央党校党的建设教研部：《世界政党比较研究》，中共中央党校出版社 1996 年版。

22. 周琳：《马克思主义领导思想史纲》，求实出版社 1990 年版。

23. 周淑真：《政党和政党制度比较研究》，人民出版社 2001 年版。

四、学术论文

1. 岑树海：《欧美国家的政党分权变革及其启示——基于集权制，分权制和联邦制的分析》，载《上海行政学院学报》2016 年第 1 期。

2. 柴宝勇、黎田：《在"新型"与"传统"之间：影响我国新型政党制度的传统文化因素探析》，载《社会主义研究》2019 年第 5 期。

3. 陈家喜：《中国情境下政党研究的话语建构》，载《国外社会科学》2019 年第 5 期。

4. 陈明明：《作为一种政治形态的政党——国家及其对中国国家建设的意义》载《江苏社会科学》2015 第 2 期。

5. 陈学明、陈鹏：《"强起来"需要中国共产党的领导——基于马克思主义政党理论的分析》，载《马克思主义理论学科研究》2018 年第 4 期。

6. 杜继锋：《后苏哈托时期印尼军队的职业化改革》，载《当代亚太》2006 年第 11 期。

7. 董树彬：《非对称性和谐：中国模式的特色与优势》，载《求实》2012 年第 1 期。

8. 方雷：《超越民族主义的东欧政党政治——基于全球化和欧洲化的视角》，载《社会科学》2013 年第 1 期。

9. 方志：《我国优秀社科期刊的"萎缩再生产"：争议及其后果》，载《出版科学》2019 年第 4 期。

10. 高奇琦、张佳威：《试论政党制度化与政治发展的关系：以泰国为例》，载《南洋问题研究》2015 年第 4 期。

11. 郭定平：《政党中心的国家治理：中国的经验》，载《政治学研究》2019 年第 3 期。

12. 何维保：《美国两党党纲中的对华政策论析》，载《美国研究》2019年第6期。

13. 胡晓青：《新政协筹备期间周恩来对民主协商的思考和探索》，载《党的文献》2018年第4期。

14. 蒋英州、程越：《精英民主与社会主义的自然进化——熊彼特的政治思想及其启示》，载《探索》2015年第1期。

15. 金安平：《简论政党政治中的"类政党"与"准政党"现象》，载《北京行政学院学报》2016年第2期。

16. 季明、安毅：《自然选择的目标问题——兼谈生态龛概念的哲学意义》，载《自然辩证法研究》1992年第8期。

17. 赖静萍：《包容性民主与政治共识——新中国成立初期中国共产党对民主选举的认知》，载《中共党史研究》2012年第5期。

18. 李海青：《中国共产党：马克思主义的使命型政党》，载《江西社会科学》2018年第2期。

19. 李辉、熊易寒、唐世平：《中国比较政治学研究：遗憾和可能的突破》，载《经济社会体制比较》2013年第1期。

20. 李智育：《土耳其正义与发展党政权的外交政策成因分析》，载《阿拉伯世界研究》2012年第5期。

21. 刘爱章、邹小花：《新中国成立前后中国共产党对协商民主的实践探索和思想贡献》，载《思想教育理论导刊》2014年第10期。

22. 刘红凛：《政党治理：现代化，法治化与规范化》，载《理论与改革》2011年第3期。

23. 刘宁宁：《合作博弈视角下的中国特色政党制度》，载《马克思主义与现实》2009年第6期。

24. 刘宁宁：《马克思恩格斯无产阶级政党理论及其当代意义》，载《马克思主义研究》2010年第11期。

25. 刘欣：《新政治社会学：范式转型还是理论补充》，载《社会学研究》2009 年第 1 期。

26. 莫岳云、张青红：《民主协商是中国独具特色的民主政治模式》，载《求是》2012 年第 21 期。

27. 欧阳景根：《比较政治学的理论困境与发展前景》，载《社会科学》2005 年第 3 期。

28. 庞虎：《"儒化"与民族化：近代政党中国化的路径考察》，载《厦门大学学报（哲学社会科学版）》2017 年第 2 期。

29. 钱再见：《同心与共识：新时代中国特色社会主义参政党思想政治建设研究》，载《南京师大学报（社会科学版）》2019 年第 6 期。

30. 覃敏健：《试论"一届政协"的历史方位》，载《江苏社会科学》2009 年第 6 期。

31. 阙天舒、方彪：《当前世界政党政治发展评估与新型政党制度的动能释放》，载《探索》2019 年第 5 期。

32. 任剑涛：《以党建国：政党国家的兴起、兴盛与走势》，载《江苏行政学院学报》2014 年第 3 期。

33. 束赟：《赋能与执行：新技术时代政党组织的发展》，载《学术月刊》2019 年第 12 期。

34. 宋连胜、李健：《从"民主协商"到"协商民主"——论中国特色社会主义协商民主的历史演进》，载《社会科学战线》2015 年第 11 期。

35. 唐文玉：《政党整合治理：当代中国基层治理的模式诠释——兼论与总体性治理和多中心治理的比较》，载《浙江社会科学》2020 年第 3 期。

36. 檀培培：《马克思恩格斯无产阶级政党领导思想的科学内涵》，载《当代世界社会主义问题》2019 年第 2 期。

37. 田园:《共产党的全面领导理论对 21 世纪马克思主义的贡献》,载《探索》2020 年第 2 期。

38. 王韶兴:《第一国际的共产主义活动与社会主义政党政治逻辑》,载《中国社会科学》2015 年第 11 期。

39. 王韶兴:《社会主义国家政党政治百年探索》,载《中国社会科学》2017 年第 7 期。

40. 汪仕凯:《先锋队政党理论视野中的群众路线》,载《社会主义研究》2014 年第 6 期。

41. 吴海红:《制度反腐与政党兴衰——基于国外一些长期执政政党的经验与教训》,载《当代世界与社会主义》2014 年第 3 期。

42. 肖存良:《政党制度与中国协商民主研究——基于政权组织形式的视角》,载《南京社会科学》2013 年第 2 期。

43. 向文华:《西方全方位政党理论:争论与评价》,载《教学与研究》2018 年第 8 期。

44. 向文华:《西方利基政党类型理论述评》,载《教学与研究》2020 年第 3 期。

45. 徐炜、曾琼:《西方政治社会学理论模式述评》,载《武汉大学学报(哲学社会科学版)》2006 年第 6 期。

46. 徐锋:《政治发展中民主与政党制度的经验与建构》,载《马克思主义与现实》2009 年第 4 期。

47. 徐勇:《"回归国家"与现代国家的建构》,载《东南学术》2006 年第 4 期。

48. 许瑶:《西方比较政治学的方法论误区》,载《国外理论动态》2017 年第 1 期。

49. 杨光斌:《民主与世界政治冲突》,载《学术界》2014 年第 8 期。

50. 杨光斌、曾毅：《中国社会纷争的观念之维与因应之道——兼对中国社会科学研究体制的总体性检讨》，载《探索与争鸣》2014 年第 1 期。

51. 叶麒麟：《从类型到制度化——西方民主政治场域中政党体制研究的视角转移》，载《教学与研究》2011 年第 12 期。

52. 袁廷华：《中国政党制度功能探析》，载《政治学研究》2012 年第 1 期。

53. 虞崇胜：《非对称性政党制度的特点和优势——中国多党合作制度的内在机理分析》，载《理论探讨》2009 年第 6 期。

54. 昝涛：《土耳其模式：历史与现实》，载《新疆师范大学学报（哲学社会科学版）》2012 年第 2 期。

55. 张春满：《政党概念的"大西洋分歧"与利基政党对传统政党概念范式的冲击》，载《国外社会科学》2019 年第 5 期。

56. 张春满：《中西政党政治的实践、研究范式和方法：一个理论反思》，载《经济社会体制比较》2019 年第 5 期。

57. 张飞雪：《"卡特尔化"与西方政党政治的走向》，载《国外理论动态》2014 年第 2 期。

58. 张静：《政治社会学及其主要研究方向》，载《社会学研究》1998 年第 3 期。

59. 张世飞：《论马克思主义党的领导理论中国化研究的科学体系》，载《南京师大学报》2020 年第 3 期。

60. 张晓燕：《党的领导理论的党章依据和基本内涵》，载《理论学刊》2018 年第 3 期。

61. 周淑真：《西方主要国家政治选举与政党制度关系分析》，载《政治学研究》2012 年第 2 期。

62. 周淑真、柴宝勇：《政党制度价值的普适性与多党合作形式的民族性》，载《探索与争鸣》2009 年第 1 期。

63. 朱刚琴：《印尼式民主政治的文化解读》，载《东南亚研究》2011 年第 3 期。

五、译著

1. 〔德〕马克思·韦伯：《经济与社会》（下），林荣远译，商务印书馆 1997 年版。

2. 〔德〕马克思·韦伯：《马克思·韦伯社会学文集》，阎克文译，人民出版社 2010 年版。

3. 〔法〕米歇尔·罗伊：《马克思主义的政党理论》，赵超译，载《国外理论动态》2010 年第 8 期。

4. 〔法〕让·布隆戴尔、〔意〕毛里奇奥·科塔：《政党政府的性质：一种比较性的欧洲视角》，曾森、林德山译，北京大学出版社 2006 年版。

5. 〔克罗地亚〕勃朗科·霍尔瓦特：《社会主义政治经济学：一种马克思主义的社会理论》，吴宇晖等译，吉林人民出版社 2001 年版。

6. 〔美〕安东尼·唐斯：《民主的经济理论》，姚洋等译，上海人民出版社 2017 年版。

7. 〔美〕胡安·林兹、〔美〕阿尔弗莱德·斯泰潘：《民主转型与巩固的问题：南欧，南美和后共产主义欧洲》，孙龙等译，浙江人民出版社 2008 年版。

8. 〔美〕加布里埃尔·阿尔蒙德等：《当代比较政治学：世界视野》，杨红伟等译，上海人民出版社 2010 年版。

9. 〔美〕劳伦斯·迈耶等：《比较政治学：变化世界中的国家和理论》，罗飞等译，华夏出版社 2001 年版。

10.〔美〕理查德·卡茨、〔美〕威廉·克罗蒂：《政党政治研究指南》（上册），江苏人民出版社 2020 年版。

11.〔美〕理查德·卡茨、〔美〕威廉·克罗蒂：《政党政治研究指南》（下册），江苏人民出版社 2020 年版。

12.〔美〕迈克尔·罗斯金等：《政治科学》，林震译，华夏出版社 2000 年版。

13.〔美〕塞缪尔·亨廷顿：《变化社会中的政治秩序》，王冠华等译，上海人民出版社 2008 年版。

14.〔美〕谢茨施耐德：《政党政府》，姚尚建等译，天津人民出版社 2016 年版。

15.〔美〕西摩·马丁·李普塞特：《政治人——政治的社会基础》，郭为桂译，江苏人民出版社 2013 年版。

16.〔美〕塞缪尔·亨廷顿：《第三波：20 世纪后期民主化浪潮》，刘军宁译，上海三联书店 1998 年版。

17.〔美〕史蒂文·德拉克雷：《印度尼西亚史》，郭子林译，商务印书馆 2009 年版。

18.〔南斯拉夫〕D. 斯塔尼奇：《评〈马克思和恩格斯政党理论的发展〉》，文兵译，载《国外社会科学》1985 年第 8 期。

19.〔苏〕加尔金：《马克思恩格斯为无产阶级政党而斗争的历史》，张石柱等译，生活·读书·新知三联书店 1957 年版。

20.〔苏〕康捷尔：《马克思恩格斯是共产主义者同盟的组织者，创建无产阶级革命政党的斗争史》，李襄译，生活·读书·新知三联书店 1957 年版。

21.〔意〕乔万尼·萨托利：《政党与政党体制》，王明进译，商务印书馆 2006 年版。

22.〔意〕萨尔沃·马斯泰罗内：《欧洲政治思想史》，黄华光译，社会科学文献出版社 1998 年版。

23.〔英〕拉尔夫·密利本德：《马克思主义与政治学》，黄子都译，商务印书馆 1984 年版。

24.〔英〕詹姆斯·布赖斯：《现代民治政体》（上），张慰慈等译，吉林人民出版社 2001 年版。

六、外文研究

1. Adam Przeworski, *Democracy and the Market: Political and Economic Reforms in Eastern Europe and Latin America*, Cambridge University Press, 1991.

2. Ali Çarkoglu, "Turkey's 2011 General Elections: Towards a Dominant Party System?", *Insight Turkey*, Vol.13, No.3, 2011.

3. Allen Hicken and Erik Martinez Kuhonta(eds.), *Party System Institutionalization in Asia: Democracies, Autocracies, and the Shadows of the Past*, Cambridge University Press, 2014.

4. Angelo Panebianco, *Political Parties: Organization and Power*, Cambridge University Press, 1988.

5. Arend Lijphart, "Comparative Politics and the Comparative Method", *The American Political Science Review*, Vol.65, No.3, 1971.

6. Aspinall Edward and Marcus Mietzner, "Problems of Democratisation in Indonesia: Elections, Institutions and Society", *Institute of Southeast Asian Studies*, 2010.

7. Benjamin Farrer, "Connecting Niche Party Vote Change in First-and Second-order Elections", *Journal of Elections, Public Opinion and Parties*, Vol.25, No.4, 2015.

8. Birol Akgün, "Aspects of Party System Development in Turkey", *Turkish Studies*, Vol.2, No.1, 2001.

9. Bonnie M. Meguid, "Competition Between Unequals: The Role of Mainstream Party Strategy in Niche Party Success", *American Political Science Review*, Vol.99, No.3, 2005.

10. Cas Mudde, "The Single-issue Party Thesis: Extreme Right Parties and the Immigration Issue", *West European Politics*, Vol.22, No.3, 1999.

11. Christian B. Jensen and Jae-Jae Spoon, "Thinking Locally, Acting Supranationally: Niche Party Behaviour in the European Parliament", *European Journal of Political Research*, Vol.49, No.2, 2010.

12. Christoffer Green-Pedersen, "Center Parties, Party Competition, and the Implosion of Party Systems: A Study of Centripetal Tendencies in Multiparty Systems", *Political Studies*, Vol.52, No.2, 2004.

13. Christopher S. Allen, "'Empty Nets' Social Democracy and the 'Catch-All Party Thesis' in Germany and Sweden", *Party Politics*, Vol.15, No.5, 2009.

14. Clement Henry Dodd, *Politics and Government in Turkey*, Manchester University Press, 1969.

15. Daniel Bischof, "Towards a Renewal of the Niche Party Concept: Parties, Market Shares and Condensed Offers", *Party politics*, Vol.23, No.3, 2017.

16. Dankwart A. Rustow, "Transitions to Democracy: Toward a Dynamic Model", *Comparative Politics*, Vol.2, No.3, 1970.

17. David Marsh and Stoker Gerry, *Theories and Methods in Political Science*, Palgrave, 2002.

18. Deborah Norden, "Party Relations and Democracy in Latin Ameri-

ca", *Party Politics*, Vol.4, No.4, 1998.

19. E.Fuat Keyman, "Modernization, Globalization and Democratization in Turkey: the AKP Experience and its Limits", *Constellations*, Vol.17, No.2, 2010.

20. Emmy Lindstam, "Signalling Issue Salience: Explaining Niche Party Support in Second-order Elections", *Electoral Studies*, Vol.60, No.102026, 2019.

21. Ergun Ozbudun, "Turkey: How Far From Consolidation?", *Journal of Democracy*, Vol.7, No.3, 1996.

22. Ergun Özbudun and Ömer Faruk Gençkaya, *Democratization and the Politics of Constitution-making in Turkey*, Central European University Press, 2009.

23. Erik Jan Zurcher, *Turkey: A Modern History*, IB Tauris, 2004.

24. Ersin Onulduran, *Political Development and Political Parties in Turkey*, Ankara Üniversitesi Basimevi, 1974.

25. Evan S.Lieberman, "Nested Analysis as a Mixed-Method Strategy for Comparative Research", *American Political Science Review*, 2005.

26. Ferdinand Müller-Rommel, "The New Challengers: Greens and Right-Wing Populist Parties in Western Europe", *European Review*, Vol.6, No.2, 1998.

27. Ferdinand Müller-Rommel and Geoffrey Pridham, *Small Parties in Western Europe: Comparative and National Perspectives*, Sage Publications Ltd, 1991.

28. Geeyoung Hong, "Explaining Vote Switching to Niche Parties in the 2009 European Parliament Elections", *European Union Politics*, Vol.16, No.4, 2015.

29. Giovanni Sartori, "Comparing and Miscomparing", *Journal of Theoretical Politics*, Vol.3, No.3, 1991.

30. Gijs Schumacher, Catherine E.De Vries and Barbara Vis, "Why do Parties Change Position? Party Organization and Environmental Incentives", *The Journal of Politics*, Vol.75, No.2, 2013.

31. Goh Cheng Teik, "Why Indonesia's Attempt at Democracy in the Mid-1950s failed", *Modern Asian Studies*, Vol.6, No.2, 1972.

32. Gordon Hands, "Roberto Michels and the Study of Political Parties", *British Journal of Political Science*, Vol.1, No.2, 1971.

33. Gregor Zons, "How Programmatic Profiles of Niche Parties Affect Their Electoral Performance", *West European Politics*, Vol.39, No.6, 2016.

34. Halil Bilecen, "Niche Party Success in Turkey: Do Policy Dimensions Matter?", *Pamukkale University Journal of Social Sciences Institute/ Pamukkale Üniversitesi Sosyal Bilimler Enstitüsü Dergisi*, No.25, 2016.

35. Herbert Kitschelt, "Movement Parties", *Handbook of Party Politics*, No.1, 2006.

36. Jack S.Levy, "Qualitative Methods and Cross-method Dialogue in Political Science", *Comparative Political Studies*, Vol.40, No.2, 2007.

37. Jae-Jae Spoon, "Holding Their Own: Explaining the Persistence of Green Parties in France and the UK", *Party Politics*, Vol.15, No.5, 2009.

38. James Adams, etal., "Are Niche Parties Fundamentally Different from Mainstream Parties? The Causes and the Electoral Consequences of Western European Parties' Policy Shifts, 1976-1998", *American Journal of Political Science*, Vol.50, No.3, 2006.

39. James Adams, Lawrence Ezrow and Debra Leiter, "Partisan Sorting and Niche Parties in Europe", *West European Politics*, Vol.35, No.6, 2012.

40. James Mahoney, "Qualitative Methodology and Comparative Politics", *Comparative Political Studies*, Vol.40, No.2, 2007.

41. John Cunliffe, "Marx, Engels and the Party", *History of Political Thought*, Vol.2, No.2, 1981.

42. Juan J. Linz and Alfred Stepan, *Problems of Democratic Transition and Consolidation: Southern Europe, South America, and Post-Communist Europe*, JHU Press, 1996.

43. Kaare Strom, "A Behavioral Theory of Competitive Political Parties", *American Journal of Political Science*, Vol.34, No.2, 1990.

44. Kemal H. Karpat, *Turkey's Politics: the Transition to a Multi-Party System*, Princeton University Press, 2015.

45. Kimberly Cowell-Meyers, "The Contagion Effects of the Feminist Initiative in Sweden: Agenda-setting, Niche Parties and Mainstream Parties", *Scandinavian Political Studies*, Vol.40, No.4, 2017.

46. Klaus von Beyme, "Karl Marx and Party Theory", *Government and Opposition*, Vol.20, No.1, 1985.

47. Lawrence Ezrow, "Research Note: On the Inverse Relationship Between Votes and Proximity for Niche Parties", *European Journal of Political Research*, Vol.47, No.2, 2008.

48. Lawrence Ezrow, et al., "Mean Voter Representation and Partisan Constituency Representation: Do Parties Respond to the Mean Voter Position or to Their Supporters?", *Party Politics*, Vol.17, No.3, 2011.

49. Marcus Mietzner, "Comparing Indonesia's Party Systems of the 1950s and the Post-Suharto Era: From Centrifugal to Centripetal Inter-Party Competition", *Journal of Southeast Asian Studies*, Vol.39, No.3, 2008.

50. Marcus Mietzner, "Party Financing in Post-Soeharto Indonesia: Be-

tween State Subsidiesand Political Corruption", *Contemporary Southeast Asia: A Journal of International and Strategic Affairs*, Vol.29, No.2, 2007.

51. Martin P.Wattenberg, "The Decline of Political Partisanship in the United States: Negativity or Neutrality?", *American Political Science Review*, Vol.75, No.4, 1981.

52. Markus Wagner and Thomas M.Meyer, "The Radical Right as Niche Parties? The Ideological Landscape of Party Systems in Western Europe, 1980-2014", *Political Studies*, Vol.65, No.1_suppl, 2017.

53. Markus Wagner, "Defining and Measuring Niche Parties", *Party Politics*, Vol.18, No.6, 2012.

54. Mathilde M.Van Ditmars and Sarah L.De Lange, "Differential Representation? The Gaps Between Mainstream and Niche Party Representatives and Their Voters in The Netherlands", *Acta Politica*, Vol.54, No.2, 2019.

55. Mathias Wessel Tromborg, "Space Jam: Are Niche Parties Strategic or Looney?", *Electoral Studies*, No.40, 2015.

56. Matt Golder, "Explaining Variation in the Success of Extreme Right Parties in Western Europe", *Comparative Political Studies*, Vol.36, No.4, 2003.

57. Matthew E.Bergman and Henry Flatt, "Issue Diversification: Which Niche Parties Can Succeed Electorally by Broadening Their Agenda?", *Political Studies*, No.0032321719865538, 2019.

58. Maurice Duverger, *Political Parties: Their Organization and Activity in the Modern State*, Methuen, 1959.

59. Maurits J.Meijers and Christopher J.Williams, "When Shifting Backfires: The Electoral Consequences of Responding to Niche Party EU Positions", *Journal of European Public Policy*, 2019.

60. Marc Van de Wardt, "Desperate Needs, Desperate Deeds: Why Mainstream Parties Respond to the Issues of Niche Parties", *West European Politics*, Vol.38, No.1, 2015.

61. Marc van de Wardt, "The Impact of Societal Factors, Mainstream Parties and Niche Parties on the Politicization of Niche Party Issues: The Danish Case", *6th ECPR General Conference*, *Reykjavik*, *Iceland*, 2011.

62. McLennan G., *The Idea of the Modern State*, Open University Press, 1984.

63. Mietzner Marcus, "Indonesia's 2009 Elections: Populism, Dynasties and the Consolidation of the Party System", *Sydney: Lowy Institute for International Policy*, 2009.

64. Mogens N. Pedersen, et al., "Western European Party Systems: Continuity and Change", *Changing Patterns of Electoral Volatility in European Party Systems: Explorations in Explanation*, 1983.

65. Moisei Ostrogorski, *Democracy and the Organization of Political Parties*, Vol.2, Macmillan, 1902.

66. Monty Johnstone, "Marx and Engels and the Concept of the Party", *Socialist Register* 4, 1967.

67. Neil Harding, "Marx, Engels and the Manifesto: Working Class, Party, and Proletariat", *Journal of Political Ideologies*, Vol.3, No.1, 1998.

68. Norden Deborah Lee, "Party Relations and Democracy in Latin America", *Party Politics*, Vol.4, 1998.

69. Otto Kirchheimer, "The Transformation of the Western European Party Systems", *Political Parties and Political Development*, No.6, 1966.

70. Pablo Fernandez-Vazquez, "Voter Discounting of Party Campaign Manifestos: An Analysis of Mainstream and Niche Parties in Western Europe,

1971-2011", *Party Politics*, No.1354068818787352, 2018.

71. Paige Johnson Tan, "Indonesia Seven Years after Soeharto: Party System Institutionalization in a New Democracy", *Contemporary Southeast Asia: A Journal of International and Strategic Affairs*, Vol.28, No.1, 2006.

72. Paige Johnson Tan, "Reining in the Reign of the Parties: Political Parties in Contemporary Indonesia", *Asian Journal of Political Science*, Vol.20, 2012.

73. Philip Lynch, Richard Whitaker and Gemma Loomes, "The UK Independence Party: Understanding a Niche Party's Strategy, Candidates and Supporters", *Parliamentary Affairs*, Vol.65, No.4, 2012.

74. Pelin Ayan, "Authoritarian Party Structures in Turkey: A Comparison of the Republican People's Party and the Justice and Development Party", *Turkish Studies*, Vol.11, No.2, 2010.

75. Pelin Ayan Musil, *Authoritarian Party Structures and Democratic Political Setting in Turkey*, Palgrave Macmillan, 2011.

76. Reuven Y. Hazan, *Centre Parties: Polarization and Competition in European Parliamentary Democracies*, A&C Black, 1997.

77. Richard S. Katz and Peter Mair, "Changing Models of Party Organization and Party Democracy: The Emergence of the Cartel Party", *Party Politics*, Vol.1, No.1, 1995.

78. Robert Michels, et al., *Political Parties: A Sociological Study of the Oligarchical Tendencies of Modern Democracy*, Routledge, 2017.

79. Sabri Sayari, "Towards a New Turkish Party System?", *Turkish Studies*, Vol.8, No.2, 2007.

80. Sandra Hamid, "Indonesian Politics in 2012: Coalitions, Accountability and the Future of Democracy", *Bulletin of Indonesian Economic Studies*,

Vol.48, No.3, 2012.

81. Scott C.Flanagan and Russell J.Dalton, "Parties Under Stress: Realignment and Dealignment in Advanced Industrial Societies", *West European Politics*, Vol.7, No.1, 1984.

82. Scott Mainwaring, *Rethinking Party Systems in the Third Wave of Democratization: The Case of Brazil*, Stanford University Press, 1999.

83. Scott Mainwaring and Timothy Scully, *Building Democratic Institutions: Party Systems in Latin America*, Stanford University Press, 1995.

84. Sergi Pardos-Prado, "How Can Mainstream Parties Prevent Niche Party Success? Center-right Parties and the Immigration Issue", *The Journal of Politics*, Vol.77, No.2, 2015.

85. Seymour Martin Lipset, *The First New Nation: The United States in Historical and Comparative Perspective*, W.W.Norton, 1979.

86. Seymour Martin Lipset and Stein Rokkan(eds.), *Party Systems and Voter Alignments: Cross-National Perspectives*, Vol.7, Free Press, 1967.

87. Simon Hug, "Studying the Electoral Success of New Political Parties: A Methodological Note", *Party Politics*, Vol.6, No.2, 2000.

88. Steffen Blings, "Niche Parties and Social Movements: Mechanisms of Programmatic Alignment and Party Success", *Government and Opposition*, 2018.

89. Steven Levitsky, "Institutionalization and Peronism the Concept, the Case and the Case for Unpacking the Concept", *Party Politics*, Vol.4, No.1, 1998.

90. Tarik Abou-Chadi, "Niche Party Success and Mainstream Party Policy Shifts-How Green and Radical Right Parties Differ in Their Impact", *British Journal of Political Science*, Vol.46, No.2, 2016.

91. Theresa Kernecker and Markus Wagner, "Niche Parties in Latin America", *Journal of Elections, Public Opinion and Parties*, Vol. 29, No. 1, 2019.

92. Thomas M Meyer and Markus Wagner, "Mainstream or Niche? Vote-Seeking Incentives and the Programmatic Strategies of Political Parties", *Comparative Political Studies*, Vol.46, No.10, 2013.

93. Thomas M. Meyer and Bernhard Miller, "The Niche Party Concept and its Measurement", *Party Politics*, Vol.21, No.2, 2015.

94. Vicky Randall and Lars Svasand, "Party Institutionalization in New Democracies", *Party Politics*, Vol.8, No.1, 2002.

95. Ziya Onis, "The Political Economy of Islamic Resurgence in Turkey: The Rise of the Welfare Party in Perspective", *Third World Quarterly*, Vol. 18, No.4, 1997.

后 记

摆在读者面前的这部书稿，是笔者近年来思考和研究政党理论与政党政治的总结，其中大部分内容均以文章的形式在各种学术刊物上发表过，如今以专著的形式出版。本书在比较政党问题上并非面面俱到，而是在不遗漏大的问题、不影响宏观理论脉络清晰的基础上，主要在自身有思考和见解的方面着力。当然，作为专著要考虑完整性、系统性，而且有些文章在发表后，随着时间的推移笔者又有了一些新思考，所以，本书在已有基础上做了材料和内容上的增补，有些地方还做出了结构性的调整。尽管如此，如果从内容和体系的连贯性、完整性等方面严格要求，本书仍然存在诸多缺憾。文责自负，书中的疏漏和错误敬请读者批评。

从最初写作到投稿又发表，再到而今的修改、整理出版，获得诸多师友的鼓励、帮助和支持，感激之情，永存心中。

感谢我的博士生导师吴美华教授，正是在她的引导下，我才慢慢找到适合自己的研究路径。在学习和写作过程中，吴老师给我提出了许多真知灼见，并经常在我松懈之时加以鞭策和激励。吴老师用她的一言一行教授我处世的道理，同时在生活上也给予无微不至的关怀。我的另一部著作，由博士论文修改而成的《人民政协协商民主研究（1949—

1956）》不久后也将出版，吴老师为之作序。对师友们的感激之情，在那部书稿的后记中有充分表达，这里就不过分煽情了。

另一位需要特别感谢的是我硕士期间的导师程又中教授。程老师是国内科学社会主义和国际政治研究方面的重要学者之一。在研究和写作学术论文的过程中，程老师给我提出了许多宝贵的建议。他对研究资料准确性的考证、论证逻辑以及文字表达流畅的强调深深地影响了我的研究习惯。程老师治学严谨、学养深厚，他的人格风范时常激励着我。

感谢在我求学生涯中指导和帮助过我的杨德山老师、杨凤城老师、宋学勤老师、王建国老师、潘广炜老师、宋秀琚老师、熊成军老师等诸位老师，你们执着的学术追求、深厚的学术功底、严谨的治学态度对我影响深远。还要感谢我"学术共同体"中的周家彬、赵海全、王昆、张尔葭、孙乔婧、何光强、付建军、杨朝清等兄弟姐妹们，你们为本书的写作提出了宝贵的建议，让我受益匪浅。

本书最终得以出版，还得益于我所工作的浙江大学马克思主义学院的领导和同事的大力支持，中央编译出版社的编辑老师为本书提出了修改意见，付出了大量的心血，在此一并致谢！

最后，还要感谢我的家人、同学、朋友，正是在他们的支持和帮助下，我才能顺利出版我的第一部学术专著。这本书的出版，对于我来说不是一个结束，而是一个新的开始。

池步云

2022年6月于浙大求是村